UNA

EKKLESIA

SALUDABLE

E

INFLUYENTE

PROGRAMA A.R.B.O.L.

LIDERAZGO QUE TRANSFORMA SOCIEDADES

GUSTAVO PRIETO

Una Ekklesia Saludable e Influyente

ISBN: 9798862635508
Sello: Independently published
Printed in Amazon

Gustavo Prieto

Recomendación especial

Al leer este libro tengo que confesar que puedo comentarlo como mamá o como pastora.

Como mamá porque Gustavo es mi hijo y nació prácticamente en los bancos de la iglesia y supo mamar desde pequeño todo lo concerniente a la iglesia y al crecimiento físico y espiritual.

Como pastora porque diferentes emociones surgen en mi al leer de forma tan clara la descripción del desarrollo del ministerio y del crecimiento ministerial.

Al igual que el árbol que endulzó las aguas de Mara, el escritor de este libro ha experimentado momentos de amargura endulzados por el árbol de la cruz, y una vez que uno comienza a leerlo es difícil abandonar su lectura antes de leer cada una de sus páginas.

Rvda. Aurora Failla de Prieto

Gustavo Prieto

Dedicatoria:

A lo largo de mi trayectoria como pastor durante estos últimos 20 años, he tenido el privilegio de contar con el apoyo y la enseñanza de muchos colegas de ministerio. Han compartido tanto mis aciertos como mis errores, contribuyendo de manera significativa en mi formación. Agradezco a todos ellos, quienes, sin necesidad de mencionar nombres, saben que son parte fundamental de este camino y se enorgullecen de verme crecer en lo que Dios me ha encomendado. Algunos de ellos han plasmado su sabiduría en estas páginas.

Una dedicación especial recae en mis amados hijos, Daniela, Micaela y Matías, quienes han crecido en el contexto del ministerio y han demostrado una admirable fortaleza al ser hijos de pastores.

Este libro está dedicado también a la memoria de mi querida Poly, quien me acompañó durante 30 años en esta travesía y decidió ser mi compañera de vida durante los últimos 28. Aunque ha partido a la presencia de Dios, sé que estaría orgullosa de los logros alcanzados.

No puedo dejar de agradecer a Dios, quien desde mi infancia ha guiado mis pasos por este hermoso sendero de fe y esperanza. Él me ha fortalecido en los momentos de duelo y me ha permitido conocerlo de una manera más profunda que nunca.

A cada persona que ha impactado mi vida, ya sea a través de bendiciones o desafíos, les dedico este libro. Mi deseo es que la gloria de Dios se manifieste como una bendición en sus vidas y ministerios.

Contenido

Gustavo Prieto

Prólogo

En mi perspectiva como desarrollador de proyectos de liderazgo cristiano por los últimos 25 años, creo que "Una Ekklesia Saludable e Influyente" es un libro que todo Pastor, Líder y Laico debe Leer, no importa su posición, estatus, experiencia o incluso logros alcanzados. El programa ARBOL transformará e impactará tu liderazgo no importa donde te encuentres hoy.

En un mundo marcado por las transformaciones sociales y espirituales, donde las demandas de liderazgo se hacen cada vez más apremiantes, emerge un llamado profundo y espiritual: el liderazgo de servicio en la Iglesia. En estas páginas, mi amigo y autor, Gustavo Prieto, nos sumerge en un viaje revelador que nos invita a explorar un enfoque transformador del liderazgo eclesiástico.

"El liderazgo en la iglesia puede adoptar dos enfoques distintos", nos dice el autor, y nos guía a través de un análisis perspicaz de estas dos perspectivas: la secular y la bíblica. La primera, a menudo marcada por el poder y los abusos, es contrapuesta con la segunda, que se basa en la enseñanza de Cristo de ser siervos de todos. A través de la lente de Mateo 20:26, el lector es llevado a comprender la profunda responsabilidad que conlleva liderar en la Iglesia, no como un ejercicio de autoridad, sino como un servicio amoroso y comprometido.

El autor nos relata la evolución histórica de la Iglesia y cómo, en un pasado no muy lejano, se centraba en un evangelio limitado, cuyo objetivo era atraer a las personas a la iglesia, pero no necesariamente transformar sus vidas. Sin embargo, nos desafía a romper con este enfoque restrictivo y a abrazar una visión más amplia y comprometida de la fe.

En cada página de este gran ejemplar se nos presenta un llamado a ser una Iglesia en acción, una comunidad de líderes siervos que trascienden los límites de los templos y se convierten en agentes de cambio en la sociedad secular. Con referencias bíblicas y ejemplos contemporáneos, el autor nos muestra cómo podemos empoderar a los discípulos para llevar a cabo la misión de Cristo en el mundo.

Este libro es un recordatorio de que todos somos pastores en nuestro propio contexto, y que el liderazgo no debe limitarse a los confines de la iglesia, sino que debe manifestarse en todas las áreas de la vida. A través de una comprensión profunda de las Escrituras y una aplicación práctica de los principios del liderazgo de servicio, el lector encontrará inspiración y orientación para liderar de manera significativa y transformadora.

En última instancia, "Liderazgo de Servicio en la Iglesia" es una llamada a desafiar el "statu quo", a transformar vidas y ciudades, y a vivir de acuerdo con la promesa de ser "cabeza y no cola". Este libro es un faro de sabiduría y guía espiritual en un mundo que necesita líderes siervos comprometidos con la causa del Reino de Dios.

El liderazgo de servicio en la Iglesia es más que un concepto; es un llamado a vivir una vida que refleje el amor y el servicio de Cristo en cada interacción y en cada rincón de nuestra sociedad.

Deja que este libro impacte tu vida como impactó la mía, Prepárate para un viaje transformador a medida que te sumerges en las páginas que siguen.

Rev. Fabio Sosa.

Presidente Concilio Global
para Ministerios Hispanos RCA

Gustavo Prieto

Introducción

El propósito fundamental de este libro es proporcionar orientación y apoyo en el proceso de desarrollo de pastores y líderes. Se enfoca en facilitar la identificación y comprensión de la Visión de Dios específicamente destinada a sus congregaciones y ministerios. Mediante un enfoque reflexivo y práctico, se busca fomentar un liderazgo informado y alineado con los propósitos divinos, promoviendo así un crecimiento significativo en el ámbito eclesiástico y ministerial.

El programa ARBOL, concebido como un conjunto de herramientas estratégicas para el desarrollo de proyectos efectivos, representa un recurso invaluable para aquellos que deseen implementar un enfoque estructurado y efectivo en el crecimiento de sus iglesias y ministerios. Estas herramientas, meticulosamente diseñadas yrespaldadas por principios probados, brindan una guía sólida para maximizar el potencial latente en la comunidad eclesiástica. Al adoptar y aplicar estas prácticas, se abrirá el camino hacia un desarrollo sostenible y fructífero, permitiendo así que la iglesia y el ministerio alcancen nuevas alturas en su misión y propósito.

ARBOL

La visión del *"árbol que endulza las aguas amargas"* es un simbolismo arraigado en el libro de Éxodo, capítulo 15, verso 25. Este pasaje bíblico nos conduce a una reflexión profunda sobre la capacidad transformadora de la gracia divina. Nos invita a considerar cómo, incluso en medio de las situaciones más adversas y desafiantes, la presencia de Dios puede obrar maravillas,convirtiendo lo amargo en dulce y restaurando la esperanza en los corazones afligidos. Esta visión nos recuerda que la fe y la confianza en la providencia divina son fundamentales para enfrentar los obstáculos y encontrar consuelo en momentos de tribulación.

Esta emotiva narración en Éxodo nos presenta un momento crucial en la travesía del pueblo de Dios hacia la libertad. Después de haber sido liberados de la opresión egipcia y mientras avanzaban por el desierto, se encontraron con un desafío inesperado: aguas amargas e imbebibles.

Ante esta situación, Moisés, como líder y mediador entre el pueblo y Dios, clama fervientemente al Señor en busca de una solución. En respuesta a su súplica, Dios le muestra un árbol que, al ser arrojado en las aguas, provoca un asombroso milagro: éstas pasan de ser amargas a dulces y potables.

Este evento no solo satisface la necesidad más inmediata de agua, sino que también simboliza el cuidado y la provisión divina en los momentos más desafiantes de la vida. Además, es un poderoso recordatorio de que Dios no solo atiende a nuestras necesidades físicas, sino que también nos brinda guía y dirección espiritual. Es en este lugar que Dios entrega estatutos y ordenanzas, afianzando así la relación entre Él y su pueblo.

El árbol que transforma las aguas amargas en dulces se convierte en un emblema duradero de la capacidad de Dios para convertir la adversidad en bendición y consuelo. Nos enseña que, incluso en medio de las pruebas más difíciles, podemos confiar en que la mano providencial de Dios siempre está presente para proveernos y guiar nuestros pasos.

El agua, en su esencia, no solo representa el elemento vital para la existencia, sino también la fuente de nutrición espiritual. Así como el agua sustenta la vida física, la Palabra de Dios nutre, da vida y purifica el alma.

Cuando inicié la elaboración de este proyecto, percibí un paralelo entre las aguas amargas que Dios me mostraba y las palabras carentes de vitalidad que a veces encontramos dentro de la iglesia.

¿No te has sentido así alguna vez? ¿No has experimentado la sensación de predicar mensajes impactantes, pero percibes una falta de vida en la comunidad a tu cargo? Es como si, a pesar de los esfuerzos, la frescura inicial se desvaneciera con el tiempo, retornando a un estado anterior de apatía espiritual. Pareciera que, en ocasiones, la gente entra por una puerta y sale por la otra, como si fuéramos incapaces de retener por mucho tiempo a aquellos que llegan a nuestras congregaciones. Este fenómeno puede resultar desconcertante y desafiante para cualquier líder o pastor comprometido con el bienestar espiritual de su comunidad.

No obstante, es en estos momentos de reflexión y discernimiento que podemos identificar oportunidades para revitalizar la fe y la conexión espiritual de quienes nos rodean. Al igual que el árbol que Moisés arrojó en las aguas amargas, Dios nos brinda las herramientas y la sabiduría necesarias para transformar la apatía en un fervoroso y duradero amor por Su Palabra y Su Iglesia. En ese proceso es fundamental incorporar estrategias bíblicas y herramientas tanto espirituales como materiales para alcanzar la visión que Dios tiene para la congregación que estás liderando. Esto implica la conjunción armoniosa de la sabiduría divina y recursos prácticos que colaboran en la edificación y fortalecimiento de la comunidad. La Biblia, como fuente inagotable de enseñanzas y principios, guía el liderazgo y la edificación de la iglesia. Estudiar y aplicar estas verdades bíblicas establece un fundamento sólido y ofrece una dirección clara para llevar a cabo la visión de Dios

Además, es importante contar con herramientas espirituales, como la oración y la búsqueda de la guía del Espíritu Santo, para discernir los pasos a seguir y recibir revelación divina en el proceso de liderar y guiar a la congregación.

A nivel material, se pueden utilizar recursos como planes de estudio, programas de capacitación, y herramientas de organización y planificación para estructurar y ejecutar las metas y objetivos establecidos en la visión de Dios. La combinación de estos elementos provee un enfoque completo y equilibrado para llevar a cabo la visión de Dios de manera efectiva y fructífera en la congregación que estás liderando.

En este valioso recurso, encontrarás una variedad de herramientas cuidadosamente seleccionadas que te animarán a explorar y abrazar la visión divina, tanto para tu vida personal, como para la comunidad de fe que lideras y el ministerio que sirves. El programa ARBOL representa mucho más que un simple esquema de crecimiento eclesial. Mi convicción radica en que no se trata de alcanzar un crecimiento meramente cuantitativo en la iglesia, sino en descubrir y desplegar la visión única que Dios tiene para cada ministerio.

ARBOL, lejos de imponer fórmulas rígidas, está diseñado para ser una guía flexible y adaptable, que se ajusta a las particularidades y necesidades de cada contexto ministerial. Su propósito es acompañarte de manera eficaz en el proceso de hacer realidad esa visión, permitiendo que florezca y dé fruto de manera auténtica y transformadora. Aquí hallarás herramientas que nutren tanto el crecimiento espiritual como el desarrollo práctico, apoyándote en cada paso hacia la realización plena de la visión que Dios ha depositado en tu corazón y en tu ministerio.

Es fundamental comprender que este libro va más allá de ser una simple guía; representa una travesía hacia la realización de la visión divina para tu ministerio. Al abrazar esta premisa, te insta a apartarte de tus propias ambiciones y metas para sumergirte por completo en los anhelos que Dios tiene para ti y tu labor. Al lograr sincronizar tu espíritu con el Espíritu de Dios, experimentarás un alineamiento sobrenatural que te conducirá hacia el éxito en cada proyecto que emprendas.

Este proceso de conexión espiritual te brindará una perspectiva renovada y una claridad extraordinaria, donde los designios de Dios Padre, Dios Hijo y Dios Espíritu Santo, se convertirán en el centro y la brújula de cada decisión y acción. En definitiva, este libro se erige como una herramienta valiosa para encaminarte no solo hacia un ministerio fructífero, sino hacia una vida plena en la realización de la voluntad divina.

Cuando logres arraigar en el corazón y mente de tu congregación los fundamentos esenciales del programa ARBOL, experimentarás un cambio notable. Verás cómo tu congregación se convierte en un dulce testimonio para la comunidad que los rodea. Juntos, comenzarán a ejercer con plena autoridad el llamado principal que nos fue encomendado por Jesús: "id y haced discípulos". Así, la iglesia dejará de limitarse a los domingos para abrazar la vida cristiana de manera continua, de lunes a lunes.

Este cambio no se limitará a un crecimiento meramente cuantitativo, sino que abarcará un desarrollo integral en todos los aspectos de la iglesia. Experimentarás un florecimiento espiritual, una mayor unidad y fortaleza en la comunidad, y una influencia transformadora en el entorno que les rodea. Esta transformación profunda no solo se reflejará en el número de congregantes, sino en la calidad de vida cristiana que cada discípulo vive y comparte con otros.

En resumen, al internalizar y aplicar los principios del

programa ARBOL, la iglesia que pastoreas se convertirá en una fuerza impactante y relevante en la comunidad, llevando a cabo la Gran Comisión de forma palpable y efectiva.

En el capítulo A, nos sumergiremos en un concepto esencial: la integralidad del crecimiento eclesiástico. Una iglesia que crece de manera integral experimenta un desarrollo holístico[1] que abarca todos los aspectos de su vida. Esto implica un crecimiento en lo físico, donde la salud y el bienestar de los miembros son prioritarios. También engloba un crecimiento en lo material, que se refleja en la prosperidad y el desarrollo de recursos tangibles que respaldan la labor de la iglesia.

No podemos dejar de lado el crecimiento financiero, que permite sostener y expandir la obra de Dios de manera efectiva. Sin embargo, lo más trascendental es el crecimiento espiritual, el pilar fundamental de toda iglesia. Es a través de este crecimiento que los corazones se fortalecen, la fe se profundiza y la relación con Dios se robustece.

Así, en el capítulo A, nos adentraremos en la importancia

---

[1] *Principio de Desarrollo Holístico es una educación integral basada en la premisa de que toda persona encuentra suidentidad y el significado y sentido de su vida a través de nexos con la comunidad, el mundo natural y los valores.*

de cultivar un crecimiento integral que permita a la iglesia no solo florecer en lo espiritual, sino también prosperar en lo físico, lo material y lo financiero, construyendo así una comunidad fuerte y sostenible en su misión y propósito divino.

Dice Rene Padilla que *"la iglesia integral es aquella que ve todos los ámbitos de la vida comoCampos Misioneros y busca maneras de afirmar la soberanía de Jesucristo en todos ellos"*.[2]

Así Padilla destaca una perspectiva valiosa y transformadora sobre la iglesia integral. Según él, una iglesia integral va más allá de sus propios muros y reconoce que todos los ámbitos de la vida ya sean sociales, económicos, políticos o culturales, son campos misioneros. Esto implica que la labor de la iglesia no se limita a los asuntos espirituales, sino que se extiende a todas las esferas de la existencia humana.

Además, la iglesia integral busca activamente maneras de proclamar y afirmar la soberanía deJesucristo en cada uno de estos campos. Esto implica llevar el mensaje del evangelio no solo a través de la Palabra, sino también a través de acciones y testimonios concretos que reflejen el señorío de Cristo en

---

[2] *Rene Padilla: "La Iglesia Local Como Agente de Transformación". Kairos, Ediciones, 2023.*

todas las áreas de la vida.

Esta perspectiva desafía a la iglesia a ser una fuerza transformadora y relevante en la sociedad, influyendo de manera positiva en todas las dimensiones de la vida de las personas. Es un llamadoa ser sal y luz en el mundo, llevando el amor y la verdad de Cristo a cada rincón, y rincón de la existencia humana.

Este escrito está para ayudarte a explorar y profundizar en estos conceptos. Para empezar, es esencial tener en cuenta que guiar a la iglesia hacia la Visión de Dios requiere un enfoque estratégico y cuidadosamente planificado.

Podemos abordar este proceso en etapas, comenzando por comprender a fondo la Visión específica que crees que Dios tiene para tu ministerio y tu congregación. A partir de ahí, podemos identificar las áreas claves que necesitan ser fortalecidas y desarrollar estrategias concretas para lograrlo.

También es importante involucrar a la congregación en este proceso, permitiendo que se sientan parte activa de la Visión y motivándolos a contribuir con sus dones y talentos para su realización.

Además, consideremos la importancia de la formación y la capacitación continua para líderesy discípulos, así como la implementación de programas y actividades que fomenten el crecimiento espiritual y la conexión con la comunidad.

Si tienes preguntas específicas o áreas de interés en las que quieras profundizar, no dudes en compartirlas. El ministerio Lugar de Dios está para apoyarte en este proceso y proporcionar orientación conforme trabajamos juntos para llevar a la iglesia hacia la Visión de Dios.

Gustavo Prieto

Herramientas para la lectura

Para iniciar el Capítulo A, es crucial comprender que cualquier proyecto que desees emprender debe estar debidamente encaminado. Para lograrlo, existen tres pilares que necesitas definir: Visión, Misión y Valores.

Visión: La visión actúa como el faro que ilumina el camino de la iglesia. Representa la dirección clara y definida que Dios ha revelado o que tú, como pastor o líder, tienes la firme intención de guiar a la comunidad de fe. Esta visión es el horizonte final hacia el cual la iglesia se encamina bajo la guía divina. Es una imagen inspiradora y trascendente que define lo que la iglesia aspira a ser en el futuro, inspirando a los miembros a trabajar unidos para alcanzarla. La visión es la meta que proporciona un sentido de propósito y unidad en la iglesia, permitiendo que cada discípulo entienda su contribución al logro de esta visión sobrenatural.

Misión: La misión representa el latido del corazón de la iglesia, y es lo que da vida y sentido a los objetivos de corto y mediano plazo, tanto en el ámbito estratégico como en el operativo. Es la razón de ser de la iglesia en este mundo. La misión refleja el compromiso de la comunidad de fe con el servicio y la acción en su entorno y más allá. Es la respuesta a la pregunta fundamental: "¿Por qué existimos como iglesia?" La misión guía cada acción y decisión tomada por la congregación y la mantiene enfocada en su llamado divino para transformar vidas y comunidades.

Valores: Los valores son los cimientos sólidos sobre los cuales se construye la identidad organizativa de la iglesia. Son los principios éticos y morales que guían la toma de decisiones y las acciones cotidianas de la comunidad de fe. Los valores proporcionan un marco ético que garantiza que las acciones de la iglesia sean coherentes con su identidad y propósito. Estos valores crean un ambiente donde se fomenta la unidad, la integridad y la responsabilidad en todas las áreas de la vida de la iglesia. Al establecer una jerarquía de valores, se asegura que las decisiones tomadas en todos los niveles del ministerio estén alineadas con la voluntad de Dios y contribuyan a la realización de la visión y la misión de la iglesia.

AMPLIAR

Efesios 4.15-16

15 sino que siguiendo la verdad en amor, crezcamos en todo en aquel que es la cabeza, esto es, Cristo.

16 de quien todo el cuerpo, bien concertado y unido entre sí por todas las coyunturas que se ayudan mutuamente, según la actividad propia de cada miembro, recibe su crecimiento para ir edificándose en amor.

Indudablemente, la ausencia de una visión clara en cualquier proyecto o liderazgo puede tener consecuencias significativas. No solo afecta la comunicación, sino que también puede dar lugar a malentendidos y desviaciones en la dirección que se pretende seguir. En el ámbito eclesiástico, esto se vuelve aún más crucial, ya que la congregación es un grupo que requiere una orientación precisa y unificada hasta alcanzar la expresión de cuerpo de Cristo.

Cuando nos enfrentamos a la responsabilidad de guiar una congregación, es imperativo que contemos con una visión bien definida y arraigada en principios sólidos. Esta visión no debe ser meramente una idea abstracta, sino un conjunto de metas y propósitos claramente delineados que orienten cada acción y decisión.

Sin embargo, al tener una visión no se trata solo de comunicarla, sino de educar y preparar a la congregación para que la entienda y la abrace de manera genuina. Esto implica un proceso continuo de enseñanza y fortalecimiento de la fe y compromiso de cada discípulo con la visión compartida.

Una visión bien concebida y comunicada de manera efectiva es el cimiento sobre el cual se edifica un ministerio sólido y fructífero. No solo guía el rumbo de la congregación, sino que también fomenta la unidad, el compromiso y el crecimiento integral en todos los aspectos de la vida de la iglesia.

Lamentablemente, es cierto que en muchos lugares de Latinoamérica se ha arraigado la idea de que la predicación es suficiente para producir transformaciones significativas en la vida de los

congregantes. Sin embargo, sabemos que el cambio y el crecimiento espiritual van mucho más allá de la sola exposición de la Palabra.

Es crucial reconocer que el poder del Espíritu Santo es esencial, pero también es fundamentalentender que existen otros elementos importantes en el proceso de discipulado y crecimiento. La enseñanza bíblica debe ser complementada con prácticas concretas, oportunidades de servicio y espacios de comunidad donde los congregantes puedan aplicar lo aprendido y fortalecer su fe de manera práctica y relacional.

La falta de una visión clara y objetivos definidos puede llevar a una predicación dispersa y a una dirección incierta en la iglesia. Aunque cada uno de los temas abordados pueden ser relevantes y valiosos en sí mismos, la ausencia de una línea temática unificada puede hacer que los congregantes se sientan desconcertados y dificulte la aplicación coherente de los principios enseñados.

Esto subraya aún más la importancia de establecer una visión bien definida que guíe la enseñanza y las actividades de la iglesia. Al contar con una dirección clara, se puede enfocar la predicación y las enseñanzas en áreas específicas que contribuyan al crecimiento y fortalecimiento   de la comunidad.

Es vital que, como líderes, tomemos el tiempo necesario para discernir la visión de Dios para la congregación y luego comunicarla de manera efectiva a los miembros. Esto permitirá que todos trabajen juntos hacia metas y sueños concretos, y se fortalezcan los aspectos cruciales en la vida de la iglesia.

Al hacerlo, no solo se proporcionará una guía clara para la

predicación, sino que se establecerá una base sólida para el crecimiento y desarrollo integral de la comunidad de fe.

Este enfoque de desarrollo de iglesias, en el que cada domingo se presenta un sermón sin una conexión temática clara, ha tenido un impacto significativo en dos aspectos. Por un lado, ha contribuido a la debilidad espiritual de la congregación, ya que la falta de cohesión en las enseñanzas puede dificultar la formación de una base sólida de crecimiento espiritual. Por otro lado, ha generado frustración entre los pastores, quienes se encuentran en la constante búsqueda de temas para sus predicaciones semanales. Esta situación no solo demanda una gran cantidad de tiempo y esfuerzo, sino que también puede llevar a una sensación de desorientación y falta de propósito en el ministerio pastoral. Así, es esencial reconsiderar este enfoque y buscar una dirección más coherente y estratégica en la enseñanza y predicación en la iglesia.

El pasaje de Oseas 4:6[3] es una advertencia impactante que destaca la vital importancia del conocimiento en la vida espiritual. Nos enseña que la carencia de sabiduría y

---

[3] Mi pueblo fue destruido, porque le faltó conocimiento. Por cuanto desechaste el conocimiento, yo te echaré del sacerdocio; y porque olvidaste la ley de tu Dios, también yo me olvidaré de tus hijos. Oseas 4.6 - RVR 1960

34

entendimiento puede llevar a la destrucción espiritual del pueblo. Un pastor que no posee un conocimiento claro de su llamado, de por qué está en esa ciudad, en ese barrio, en ese momento específico de su vida, se encuentra en una situación precaria. La falta de este discernimiento puede resultar en una fuente de frustración y debilitamiento en su ministerio. Esta falta de conocimiento no solo puede afectar al pastor, sino que también repercute directamente en la congregación. Los líderes son ejemplos a seguir, y si experimentan frustración y falta de dirección, es muy probable que la congregación también lo sienta.

Por tanto, es de suma importancia que los líderes busquen y cultiven el conocimiento y el entendimiento profundo de su llamado y propósito en el lugar y tiempo en el que sirven. Esto no solo fortalecerá su ministerio, sino que también influirá positivamente en la vida espiritual y el crecimiento de la congregación.

El conocimiento y la sabiduría son pilares fundamentales para un liderazgo efectivo y una vidaespiritual fructífera. No solo benefician al líder, sino que también tienen un impacto directo en el crecimiento y la salud espiritual de la congregación.

En el contexto actual, la necesidad de AMPLIAR y profundizar en el conocimiento y la sabiduría es más apremiante que nunca. Vivimos en un mundo en constante cambio y desafío, donde las complejidades y las demandas del ministerio son cada vez mayores. Los líderes necesitanestar equipados no solo con conocimiento teológico, sino también con habilidades prácticas, discernimiento espiritual y una comprensión profunda de las necesidades de su comunidad y cultura.

Además, la globalización y la interconexión de las iglesias en todo el mundo requiere un entendimiento más amplio y profundo de la diversidad cultural y las diferentes expresiones de fe.Esto implica una formación continua y un compromiso con el aprendizaje constante.

Es crucial que los líderes estén dispuestos a invertir tiempo y esfuerzo en su propio desarrolloy crecimiento. Esto no solo beneficia al líder individual, sino que tiene un impacto significativo en la salud y el crecimiento espiritual de la iglesia en su conjunto. Un líder bien preparado y equipado puede guiar a la congregación con mayor eficacia, fortaleza y sabiduría.

La necesidad de ampliar y profundizar en el conocimiento y la sabiduría es una tarea ineludiblepara los líderes de hoy. Esto no solo les capacita para enfrentar los desafíos actuales, sino que también permite que sus iglesias prosperen y crezcan de manera saludable y fructífera en el servicio a Dios y a la comunidad.

I.   *Ampliar el conocimiento personal*

Ampliar el conocimiento personal es el primer paso hacia la comprensión del plan que Dios tiene para tu ministerio. Es esencial reconocer que el rol de un pastor va mucho más allá de simplemente predicar sermones. Ser pastor implica liderar al rebaño hacia aguas dulces y revitalizantes. Significa ser como un pastor dedicado que cuida y nutre a su rebaño, fortaleciendo sus áreas de debilidad y acompañándolos durante los tiempos difíciles.

El objetivo último del pastor es guiar a cada discípulo en la congregación hacia un mayor conocimiento y una mayor relación con Cristo, hasta que Su imagen y Su carácter sean plenamente formados en ellos. Este proceso de formación espiritual es esencial para el crecimiento y desarrollointegral de la iglesia.

Para llevar a cabo este ministerio de manera efectiva, es imperativo que el pastor o líder busqueconstantemente el crecimiento personal y la profundización en el entendimiento de las Escriturasy del plan de Dios para su comunidad. Esto implica una dedicación continua a la oración, estudioy formación espiritual.

A continuación, tomate un momento para reflexionar sobre estas Preguntas.

¿Tengo un claro conocimiento de la visión que Dios tiene para mi ministerio?

Si__   No_____

Esto implica profundizar en la búsqueda de la dirección divina, discernir cuál es el propósito específico que Dios tiene para tu liderazgo y comprender cómo ese propósito se alinea con las necesidades y desafíos actuales de tu comunidad.

¿Estoy liderando a mi congregación en dirección a esa visión?

Si__   No_____

Más allá de simplemente conocer la visión, es esencial llevar a cabo una acción efectiva para guiar a la iglesia hacia esa visión. Esto involucra la planificación estratégica, la implementación de programas y actividades que respalden la visión y la comunicación constante con la congregaciónpara mantenerlos enfocados en el propósito compartido.

¿Han comprendido los integrantes de la iglesia la visión que Dios me ha encomendado para este momento?

Si__   No_____

La comunicación es clave. Asegurarse de que los hermanos en la iglesia no solo conozcan, sino que también comprendan y se sientan identificados con la visión, es esencial. Esto implica un proceso de educación y diálogo constante para aclarar dudas y garantizar una comprensión profunda.

¿He dedicado tiempo a explicar pacientemente la visión, y no he puesto en marcha ninguna tarea sin que todos los participantes la hayan entendido?

Si__   No_____

La paciencia y la claridad en la comunicación son cruciales. Cada miembro de la iglesia debe sentirse capacitado para contribuir a la visión y comprender su rol en su realización. Asegurarse de que todos estén alineados y comprometidos antes de avanzar en cualquier tarea es un enfoque sabio y estratégico.

Estas preguntas reflejan la importancia de una visión clara y de la comunicación efectiva en el liderazgo eclesiástico. Ampliar nuestra comprensión y compromiso con la visión de Dios y asegurarnos de que la congregación esté igualmente informada y comprometida son pasos cruciales para un liderazgo eficaz en la iglesia.

II. *Ampliar el conocimiento de la congregación*

Ampliar el entendimiento de la visión dentro de la congregación es de vital importancia. No basta con participar en eventos aislados y luego regresar a la casilla de partida. El mantener a la congregación entretenida con eventos no es la clave para la consolidación, desarrollo ycrecimiento de una comunidad de fe. Lo esencial radica en que cada participante de la misma conozca la visión y comprendan cómo aplicarla en sus vidas diarias.

Para lograr esto, es esencial proporcionar oportunidades de formación y discipulado que permitan a los discípulos internalizar la visión y sentirse capacitados para vivirla. Esto implica no solo transmitir el qué, sino también el

40

cómo. Es importante que cada uno comprenda cómo pueden contribuir personalmente a la realización de la visión en su contexto específico.

Además, la repetición y la consistencia en la enseñanza de la visión son fundamentales para su arraigo en la comunidad. Se debe evitar que la visión se convierta en un mero eslogan, y en su lugar, se debe integrar profundamente en la cultura y prácticas de la iglesia.

La ampliación del entendimiento de la visión en la congregación requiere una inversión continua en la formación y discipulado de las personas, así como una comunicación clara y consistente sobre cómo aplicar la visión en la vida cotidiana. Esto no solo fortalece la base de la comunidad de fe, sino que también fomenta su desarrollo y crecimiento sostenible.

A continuación, tómate un momento para responder a estas preguntas:

¿Qué acciones he emprendido para asegurarme de que la iglesia conozca la visión?

¿Cuánto tiempo dedico cada año para difundir y reforzar la comprensión de la visión?

¿Cuánto tiempo reservo anualmente para revisar este conocimiento con los líderes y para capacitar a los nuevos creyentes en la visión de la iglesia?

Estas preguntas son esenciales para evaluar la efectividad de la comunicación de la visión y asegurarse de que sea entendida y abrazada por todos los integrantes de la congregación.

III.   *Ampliar la visión*

Tener una visión clara y definida es fundamental para guiar tus pasos y metas en cualquier área de la vida, y especialmente en el ámbito del ministerio y liderazgo. Si te encuentras en un momento de reflexión y no tienes una visión concreta, o si aún no estás seguro de que la visión que tienes sea la correcta, quiero ofrecerte una serie de preguntas que pueden servirte como herramienta de discernimiento. Estas preguntas te ayudarán a explorar y definir la visión que Dios   tiene para ti y tu ministerio, proporcionando una dirección sólida y alineada con Su propósito para tu vida.

1) ¿Cuál es el propósito de mi presencia en esta

congregación en particular? ¿Qué papel deseo desempeñar en su desarrollo y crecimiento espiritual?

2) ¿Qué razones llevaron a que el templo se estableciera en este lugar geográfico específico? ¿Qué elementos o factores influyeron en la elección de esta ubicación y cómo contribuye al cumplimiento de la misión de la iglesia?

3) ¿Cuáles son las necesidades más apremiantes de la ciudad o el barrio donde se encuentranuestra iglesia local? ¿Cómo podemos, como congregación, responder a esas necesidades de una manera significativa y relevante?

4) ¿Qué dones y talentos poseen los hermanos de mi congregación? ¿Cómo podemos utilizar y potenciar estos dones para fortalecer y edificar la comunidad eclesiástica, así como paraimpactar positivamente en nuestro entorno?

5) Estas preguntas sirven como punto de partida para reflexionar sobre la visión y propósito de la congregación en su contexto específico. Al profundizar en estas cuestiones, se puede desarrollar una comprensión más completa de la identidad y llamado de la iglesia local, permitiendo así una

orientación más efectiva en el ministerio y liderazgo.

IV. *Ampliar la visión según los dones existentes en la congregación*

Estas preguntas son de suma importancia, ya que reflejan un entendimiento profundo de cómo Dios nos capacita para servir en la iglesia. Es esencial comprender que Dios no nos asignará   tareas para las cuales no nos ha equipado. Por ejemplo, en el caso del canto, es crucial que aquellos que lideran en este ministerio posean el don y la habilidad necesarios. Aunque el canto es un componente valioso del culto, es preferible esperar y buscar a aquellos con el don adecuado antes de implementarlo.

Esta perspectiva también se aplica a otros aspectos del servicio en la iglesia. En lugar de forzar o implementar actividades para las cuales no hay dones desarrollados, es más sabio identificar los dones existentes y trabajar con ellos de manera estratégica y creativa.

Sin embargo, es importante destacar que esto no significa que ciertas actividades nunca se llevarán a cabo. En cambio, sugiere que se debe ejercer sabiduría y discernimiento al determinar cuándo y cómo implementar ciertos ministerios o roles. En algunos casos, puede ser necesario   comenzar con los dones disponibles y observar cómo Dios los multiplica a medida que avanzamos.

Tales preguntas y consideraciones son cruciales para un liderazgo y servicio efectivos en la iglesia. Ayudan a honrar y utilizar los dones que Dios nos ha otorgado de manera sabia y estratégica para el crecimiento y desarrollo saludable de la comunidad de fe.

Al permitir que cada persona sirva según los dones que ha recibido, se promueve un ambiente de crecimiento, eficiencia y armonía.

Cuando los discípulos operan en sus dones naturales, se genera una sinergia que impulsa el avance del Reino de Dios de manera rápida y efectiva. Además, al ejercer sus dones, los creyentes encuentran un sentido de realización y propósito en su servicio.

Esta perspectiva también contribuye a la salud emocional y espiritual de la congregación. Los hermanos se sienten valorados y capacitados para contribuir de manera significativa al cuerpo de Cristo. En lugar de experimentar frustración o desánimo al intentar desempeñar roles para los cuales no están equipados, los creyentes se sienten empoderados y fortalecidos en su servicio.

En última instancia, esta forma de trabajar en la iglesia permite que cada persona descubra y cumpla su propósito en el cuerpo de Cristo, lo que conduce a un avance más efectivo del Reinode Dios en la comunidad local y más allá. Así, la iglesia crece y se fortalece en su misión de manifestar el propósito divino en el mundo.

Solo déjame aclararte que es esencial comprender que la adoración y el servicio a Dios no están limitados exclusivamente al canto. Cuando no existe alguien con la habilidad o don para esta forma específica de alabanza, se abre una oportunidad valiosa para explorar otras formas de exaltar el nombre de Dios. Por ejemplo, se puede dedicar tiempo a la alabanza a través de testimonios personales y expresiones de gratitud. Este enfoque puede traer sorprendentes y conmovedoras experiencias de conexión con la presencia de Dios.

De igual manera, al considerar la organización de reuniones específicas, como las de mujeres o niños, es crucial reconocer la importancia de contar con personas dotadas y capacitadas para liderar y guiar. Este reconocimiento nos lleva a la oración y búsqueda activa de individuos aquienes Dios muestre como idóneos para ser capacitados y luego comisionados en el ministerio correspondiente. Aunque este proceso puede llevar más tiempo, su impacto es duradero y efectivo,ya que contribuye significativamente al crecimiento y fortalecimiento de la iglesia.

Al seguir esta metodología, se establece un cimiento sólido y sostenible para el crecimiento espiritual y la efectividad ministerial en la comunidad de fe. Se fomenta un ambiente donde cada discípulo se siente valorado y capacitado para contribuir al cuerpo de Cristo de manera única y significativa. Este enfoque no solo promueve el avance y madurez de la iglesia local, sino que también cumple, como dije anteriormente, con la misión de hacer discípulos y equipar a los santospara la obra del ministerio.

Antes de avanzar al siguiente punto, te animo a que tomes un momento para reflexionar sobre la idea de *"trabajar una iglesia según los dones que tenga"*. Toma un papel y anota los nombres de las personas en tu congregación junto con los dones que cada uno posee. No importa cuán grande o pequeña sea tu congregación, es esencial tener un registro de los integrantes y los dones que Dios ha confiado a cada uno de ellos. Es posible que algunos posean uno, dos, tres o incluso más dones.

Este ejercicio es de gran valor, ya que te permitirá apreciar y utilizar plenamente los talentos y habilidades únicas que Dios ha depositado en cada persona de tu congregación. No solo fortalecerá la unidad y el funcionamiento armonioso de la iglesia, sino que también abrirá puertasa oportunidades de servicio y crecimiento que quizás no se habían considerado previamente. Al conocer y reconocer los dones de los discípulos, estarás en una posición mucho más sólida para guiar y dirigir la iglesia según el propósito y la voluntad de Dios para ella.

Te invito a que dediques un tiempo precioso para articular con claridad la visión, así como la misión y los valores que guiarán el rumbo de tu iglesia. Estos tres elementos son como los pilaresque sostienen y dan forma a la identidad y propósito de tu congregación.

¿Recuerda lo que planteé en la lectura previa al capítulo?

Visión: La visión es el faro que ilumina el camino de la iglesia, representando la direcciónclara y definida que Dios ha revelado o que usted, como pastor o líder, tiene la firme intención deguiar a la comunidad de fe. Esta visión es el horizonte final hacia el cual la iglesia se encamina bajo la guía divina. Es una imagen inspiradora y trascendente que define lo que la iglesia aspira aser en el futuro, inspirando a los miembros a trabajar unidos para alcanzarla. La visión es la metaque proporciona un sentido de propósito y unión en la iglesia, permitiendo que cada discípulo entienda su contribución al logro de esta visión sobrenatural.

Misión: La misión es el latido del corazón de la iglesia, y es lo que da vida y sentido a los objetivos de corto y mediano plazo, tanto en el ámbito estratégico como en el operativo. Es la razón de ser de la iglesia en este mundo. La misión refleja el compromiso de la comunidad de fe con el servicio y la acción en su entorno y más allá. Es la respuesta a la pregunta fundamental: "¿Por qué existimos como iglesia?" La misión guía cada acción y decisión tomada por la congregación y la mantiene enfocada en su llamado divino para transformar vidas y comunidades.

Valores: Los valores son los cimientos sólidos sobre los cuales se construye la identidad organizativa de la iglesia. Son los principios éticos y morales que guían la toma de decisiones y las acciones cotidianas de la comunidad de fe. Los valores proporcionan un marco ético que garantiza que las acciones de la iglesia sean coherentes con su identidad y propósito. Estos valores crean un ambiente donde se fomenta la unidad, la integridad y la responsabilidad en todas las áreas de la vida de la iglesia. Al establecer una jerarquía de valores, se asegura que las decisiones tomadas en todos los niveles del ministerio estén alineadas con la voluntad de Dios y contribuyan

a la realización de la visión y la misión de la iglesia.

Una vez hayas dedicado tiempo y esfuerzo a desarrollar estos elementos, te recomiendo que los discutas y trabajes en conjunto con tu grupo de consejo o pastoral. Esta colaboración permitirá enriquecer y dar forma con diversas perspectivas a la visión, misión y valores que has delineado. La diversidad de ideas y enfoques aportará una riqueza invaluable al proyecto.

Posteriormente, será el momento de dar el siguiente paso: llevar a cabo el desarrollo del proyecto. Este proceso conlleva poner en práctica los planes y estrategias que surgirán a partir dela visión, misión y valores de tu iglesia. Cada decisión y acción que emprendas estará en línea con estos fundamentos, lo que asegurará que tu congregación avance hacia el cumplimiento de su propósito divino de manera coherente y efectiva.

V. *Elabora un proyecto efectivo tras definir tu visión*

La elaboración de un proyecto bien detallado no solo propicia una comprensión más profunda dentro de la congregación, sino que también establece un marco de referencia concreto. Esto es particularmente relevante en muchos contextos latinoamericanos, donde a menudo se subestima el valor de plasmar por escrito nuestras metas y visiones. La ausencia de documentación puede obstaculizar la comunicación y dificultar la alineación de esfuerzos hacia un propósito común.

Cuando Dios deseaba comunicarse con todo el pueblo, proveía al profeta con la mejor orientación posible. A Habacuc, en el capítulo dos de su libro, le instruyó claramente a escribir la visión. Esta indicación no dejaba espacio para interpretaciones erróneas o malentendidos por partedel oyente *(Habacuc 2.2)*. Asimismo, cuando el ángel se apareció a Juan para mostrarle los acontecimientos celestiales relacionados con nuestro Señor, le dio la misma instrucción: escribir. Aunque no se menciona de manera explícita, se subentiende en el capítulo 1, verso 3, donde se menciona: "Bienaventurado el que lee". Esto nos lleva a reflexionar: ¿cómo podríamos leer algo que no ha sido escrito? ¿Y cómo Juan habría logrado transmitir a las siete iglesias toda la visión yrevelación que el mismo Jesús estaba experimentando en ese momento, y que era crucial que la iglesia conociera?

Querido pastor o líder, le insto a que se tome el tiempo necesario para plasmar un proyecto conclaridad, uno que esté alineado con la visión que Dios le ha conferido. Para lograrlo, le propongoque siga estos puntos fundamentales:

Objetivos Generales:

El objetivo general representa la misión global que la iglesia o el grupo se propone llevar a cabo.

Objetivos específicos:

Estos son los hitos y metas clave que se esperan alcanzar a través de la ejecución de este proyecto. Constituyen los pilares que sostendrán el éxito del mismo.

Encuadre:

El encuadre engloba la estrategia y metodología a través de la cual se llevará a cabo el proyecto.

Es el marco que guiará la implementación y ejecución de las actividades planificadas.

Al desarrollar cada uno de estos puntos de manera detallada y precisa, estará estableciendo lasbases sólidas para el éxito y la efectividad del proyecto, asegurando que cada paso que se dé esté alineado con la visión que Dios ha encomendado a su iglesia.

Te sugiero que tanto el desarrollo de la visión general

como el trabajo específico de cada área de la iglesia se plasme en un proyecto escrito. Esto evitará posibles malentendidos entre la

interpretación del pastor y la del líder de cada departamento, además de proporcionar una claradirección a los hermanos que participan en cada grupo.

A continuación, te proporciono un ejemplo de un proyecto presentado por la coordinación de mujeres de la iglesia, detallando cada punto:

PROYECTO MUJERES CON PROPÓSITO

Objetivo General:

Evangelizar

OBJETIVOS ESPECÍFICOS:

- Formar un grupo de contención para mujeres que llegan a los pies de Cristo y las que ya lo conocen.
- Lograr ser soldados que defienden el evangelio y se ayudan unos a otros en los momentos donde la fe flaquea.
- Ser sostén del prójimo.

ENCUADRE:

- Reuniones mensuales los días viernes a las 19 hs.

- División en grupos de trabajo donde cada uno deberá preparar una reunión.

- Predicación a cargo de la pastora o algún/a invitado/a

- El día antes de la reunión mensual, se saldrá en equipo, estratégicamente, a repartir invitaciones por el barrio.

- Las reuniones deberán ser temáticas, dinámicas y participativas

Esta estrategia no solo promovió un ambiente acogedor para las recién llegadas, sino que también estimuló un sentido de responsabilidad y entusiasmo entre las hermanas más antiguas. Estaban conscientes de que cada reunión representaba una oportunidad única de compartir la fe con aquellas que estaban dando sus primeros pasos en el camino espiritual. Este enfoque fortaleció la cohesión del grupo y se convirtió en una poderosa manifestación de la visión de Dios en acción. Cada participante se sentía parte activa de un movimiento divino, uniendo esfuerzos para llevar elmensaje de esperanza a aquellos que aún no lo habían escuchado.

Al tener una visión general escrita en un proyecto,

logramos que cada equipo ministerial dentro de la iglesia trabaje de manera cohesionada en pos de esa visión. Esto significa que, si durante un año la iglesia se enfoca en la preparación del liderazgo interno, es probable que, al presentar un proyecto de evangelismo, se sugiera llevarlo a cabo en el próximo año, cuando tengamos gente debidamente preparada para recibir a los nuevos creyentes. Este enfoque flexible permite una planificación estratégica más efectiva. En realidad, ningún proyecto es rígido, y es posible que la iglesia esté evangelizando, recibiendo nuevas personas y preparando líderessimultáneamente, todo dentro de un marco planificado y coherente. El ejemplo mencionado ilustra cómo la visión general guía la priorización y la secuencia de las actividades en función de los objetivos de la iglesia.

Si en este punto del libro has dedicado tiempo a responder las preguntas planteadas, estarásen una posición sólida para definir las tareas específicas necesarias para llevar a cabo la visión. Esto implica traducir la visión general en acciones concretas y detalladas que guiarán el trabajo de la iglesia y de cada equipo ministerial. Al contar con respuestas claras y al haber reflexionado sobre los aspectos esenciales de la visión, estarás en un excelente punto de partida para concretar y ejecutar los pasos necesarios hacia el cumplimiento de los objetivos planteados.

Otros objetivos para tener en cuenta a la hora de poner en un papel el objetivo de AMPLIAR

Como vengo formulando, Ampliar implica involucrar de manera integral a la iglesia en los ámbitos espiritual, emocional y físico. Es crucial comprender que no todo se reduce únicamente a lo espiritual, emocional o físico. Por lo tanto, abordar estos tres aspectos y fusionarlos en nuestro proyecto visionario se vuelve esencial.

Al tener en cuenta estos tres elementos fundamentales, podemos definir cómo abordaremos cada uno de ellos. A continuación, compartiré un esquema de cómo lo aplicamos en nuestra congregación.[4]

---

[4] Diagrama completo pág. 156

Lo que quiero enfatizar es que este proceso es de vital importancia. Es esencial comprender que no todos asimilarán la visión de inmediato. Requerirá tiempo y paciencia de tu parte. Al principio, puede que sientas que estás invirtiendo mucho tiempo y esfuerzo sin ver resultados inmediatos. Sin embargo, una vez que la visión se arraigue en tu congregación, notarás un aumento significativo en la velocidad y la eficacia con la que se llevan a cabo las actividades. En última instancia, te darás cuenta de que no estás perdiendo tiempo, sino que estás haciendo un uso más efectivo y estratégico del mismo.

En resumen:

Lo que quiero resaltar es la importancia de tener una visión clara en la iglesia y de trabajar de manera efectiva para educar a la congregación en esa visión. Al tomarte el tiempo para discipular a los integrantes de tu comunidad, estarás estableciendo raíces profundas en ellos. Esto me recuerda las palabras de Pablo a los Efesios:

Efesios 3:17-19 *"para que Cristo habite por la fe en vuestros corazones, a fin de que, arraigados y cimentados en amor, seáis plenamente capaces de comprender con todos los santos cuál sea la anchura, la longitud, la profundidad y la altura, y de conocer el amor de Cristo, que excede a todo conocimiento, para que seáis llenos de toda la plenitud de Dios".*

Observa cómo Pablo enfatiza la importancia de estar arraigados y cimentados en el amor, así como la necesidad de una comprensión común entre todos los santos. Esto es fundamental paraque todos estén llenos de la plenitud de Dios.

Quiero subrayar que aquellos que se unan a la congregación deberán adaptarse a la visióny al pensamiento colectivo. No obstante, confío en que el Señor te guiará hacia personas con los dones necesarios para llevar a cabo la visión que te ha encomendado.

Recuerda que cuanto más tiempo dediques a trabajar en las raíces, más grande y duradero será el árbol que crezca. No permitas que la impaciencia te engañe haciéndote creer que no está sucediendo nada. Tómate el tiempo necesario para nutrir la visión, plantar la semilla y regarla a diario. Aun cuando el árbol crezca, sigue cuidando y alimentando esas raíces.

En términos bíblicos y eclesiásticos, esto implica dedicar tiempo a educar a tu congregación, reforzar la visión, ampliar el conocimiento y discipular a otros para que la iglesia piense, actúe y se mueva en sintonía contigo. Esto también implica que debes trabajar en ti mismo para multiplicarte y convertirte en padre de generaciones. Extiende tus límites, tal como el Señor instruyó a su pueblo en Isaías 54:1

"Ensancha el sitio de tu tienda, y las cortinas de tus habitaciones sean extendidas... Porque te extenderás a la mano derecha y a la mano izquierda; y tu descendencia heredará naciones, y habitará las ciudades asoladas".

Sin embargo, recuerda que no debes extender tus límites sin tener estacas firmes y lugares amplios. Asegúrate de tener raíces fuertes antes de dar cualquier paso hacia adelante.

En el próximo capítulo, te invito a explorar cómo este árbol, con sus raíces profundamentearraigadas, comienza a expandirse y crecer al momento de recepcionar de la manera correcta. Descubriremos juntos cómo se convierte en un espacio acogedor, capaz de recibir a aquellos que anhelan hacer de la iglesia un verdadero centro de formación espiritual. A través de este proceso, veremos cómo la congregación se transforma en un lugar de enseñanza y preparación para quienes buscan un camino más profundo en su fe y servicio.

Gustavo Prieto

 **Herramientas para la lectura**

Como preparación para el próximo capítulo, es esencial que el lector comprenda plenamente el concepto de "recepcionar". Este proceso implica un significativo crecimiento espiritual y una guía pastoral integral, que abarca desde el momento en que una persona llega a la congregación hasta su eventual envío al campo misionero. Debemos despojarnos de la noción limitada de que "recepcionar" simplemente implica dar la bienvenida en una reunión; más bien, encierra la totalidad de lo que estamos dispuestos a ofrecer durante su estancia en nuestra comunidad, y bajo el cuidado atento de nuestro liderazgo pastoral.

En el próximo capítulo se detallará el análisis FODA[5], el cual se abordará punto por punto, proporcionando una visión completa de las fortalezas, oportunidades, debilidades y amenazas que rodean al proyecto potencialmente efectivo

---

[5] Ver cuadro FODA en la página 155

Gustavo Prieto

RECEPCIONAR

Hechos 2.47

alabando a Dios, y teniendo favor con todo el pueblo. Y el Señor añadia cada dia a la iglesia los que habían de ser salvos.

Es verdaderamente desalentador presenciar en nuestro ministerio la entrada de personas que en un principio parecen ser una bendición de Dios, pero que luego, en cuestión de semanas, desaparecen sin dejar rastro alguno. Entre ellos, algunos llegan con heridasemocionales, otros están lastimados o en estados de ánimo deprimidos. Hemos dado la bienvenida a todos y hemos brindado apoyo económico a muchos de ellos. Además, hemos acompañado a varios a hospitales, cárceles y donde quiera que hayan necesitado asistencia. En todos esos momentos, hemos estado a su lado.

Este fenómeno puede resultar desconcertante y nos lleva

a cuestionarnos por qué ocurre.Es fundamental analizar a fondo qué es lo que no está funcionando en nuestro ministerio, y si es necesario, reevaluar nuestros métodos y enfoques. Es probable que haya aspectos en losque podamos mejorar para retener a aquellos que llegan a nuestra iglesia en busca de apoyoy orientación espiritual.

Es sin duda una gran decepción cuando vemos que algunas personas comienzan a asistir a otra iglesia. Nos invade un sentimiento de traición y empezamos a repasar en nuestra mente todo lo que hemos hecho por ellos, sintiéndonos abandonados. Es especialmente frustrante cuando algunos de ellos emiten críticas hacia nosotros por cuestiones que consideramos insignificantes en comparación con la ayuda que les hemos brindado.

Si esperas que te ofrezca una solución para evitar que esto suceda, lamento decirte que es probable que siga ocurriendo. Sin embargo, lo que quiero transmitirte en este libro es que muchos de ellos podrían haber decidido quedarse con nosotros si hubiéramos tenido un plan de bienvenida efectivo. Este plan va mucho más allá de simplemente dar la bienvenida en la puerta con un "hermano, bienvenido" o un "Dios te bendiga". Implica contar con un plan debienvenida tan eficaz que cualquier persona que llegue a nuestra congregación pueda percibir que encontrará un espacio donde descubrir, desarrollar y cumplir su ministerio, su llamado ysu visión en el Señor que lo formó desde el vientre de su madre, y que ha prometido guiar sucrecimiento personal.

A) Cómo poder recepcionar de manera efectiva

Sin lugar a dudas, cada área de la iglesia debe estar comprometida con el plan de bienvenida para los nuevos congregantes. Esto permite que, a medida que las personas crecen   en la congregación y en su comprensión de la Palabra, comiencen a desarrollar sus ministerios y a ejercer los dones que les ha otorgado el Espíritu Santo, quien mora en ellos. Este proceso de admisión y desarrollo es fundamental para el crecimiento espiritual y el fortalecimiento de la comunidad de fe.

Pongamos un ejemplo: los músicos deberán estar atentos al ingreso de aquel que manifieste cualidades musicales o vocales. Del mismo modo, los encargados del servicio deberán identificar a aquellos que tengan un corazón dispuesto para servir. Así, cada área dela iglesia deberá abrazar la visión de "Ampliar" y "recepcionar" a aquellos que el Espíritu añade a la iglesia, tal como nos enseña Hechos 2:47 *"alabando a Dios, y teniendo favor con todo el pueblo. Y el Señor añadía cada día a la iglesia los que habían de ser salvos".*

Es fundamental comprender nuestra responsabilidad como pastores con respecto aaquellos que el Señor agrega a nuestra congregación. Nuestra labor pastoral implica guiar y nutrir a estos individuos, no con la finalidad de simplemente aumentar el tamaño de la congregación, sino de guiarlos hacia su propósito de alcanzar su plenitud en Cristo. Esto implica ayudar en el desarrollo de sus dones, permitir que sean llenos del Espíritu Santo y empoderarlos para cumplir con la Gran Comisión.

Significa que nuestro plan de recepción debe asegurarse de que los nuevos creyentes comprendan y se comprometan con los siguientes aspectos:

1.Comprender la visión.

2.Comprometerse con la visión

3. Integrarse en la visión

4. Contribuir a la expansión de la visión

B)   ENSEÑAR LA VISIÓN

A menudo, nos encontramos con personas que llegan a la congregación y que no son necesariamente recién convertidas. La mayoría de ellas han tenido experiencias previas en otras iglesias o comunidades de fe, y en algunos casos, han salido de ellas desilusionadas o incluso heridas. Cuando esto sucede, es posible que lleguen a nuestra congregación con la intención, ya sea directa o indirecta, de imponer su propia perspectiva sobre lo que significa ser iglesia. En muchas ocasiones, estas formas de entender y expresar la iglesia pueden no alinearse completamente con nuestra visión. Cometemos el error de aceptar algunas de estas ideas con el fin de retener a estas personas y, posiblemente, impulsar un crecimiento numérico en la iglesia.

Si tenemos una visión clara, podemos evitar este tipo de situaciones. Para ello, implementamos un modelo de recepción que introduce al nuevo creyente a la visión de la iglesia, le guía en los pasos a seguir y le brinda la oportunidad de descubrir en qué áreas de la congregación puede encajar y contribuir con sus dones.

Cuando alguien llega a la iglesia sin experiencia previa en congregaciones evangélicas, es más sencillo guiarlo a través del plan de recepción.

Ambos deben participar en el encuentro diseñado para

compartir la visión. En nuestra congregación, lo denominábamos "Retiro ARBOL". Durante este evento, detallábamos cada aspecto del proyecto de la iglesia y ofrecíamos pautas para convertirse en líderes efectivos en nuestra comunidad. Este retiro se llevaba a cabo cuatro veces al año, y era obligatorio paratodos los creyentes de la iglesia, independientemente si formaban parte del liderazgo o no.

Se trataba de un retiro de entrenamiento ministerial, no simplemente un evento de compañerismo. Esta distinción es crucial, ya que nuestro objetivo no era el entretenimiento, sino la formación en la visión de la iglesia. Empezábamos temprano por la mañana y continuábamos hasta la tarde, con pausas breves solo para descansos y comidas. Era imperativo que cada líder encargado de los talleres estuviera completamente versado en la visión de la iglesia. Asimismo, era esencial que todos guiáramos a la congregación hacia nuestra visión del Reino, única y no adoptada de otra congregación. Para lograr que cada líder se alinee con la visión, necesitaba invertir tiempo en transmitirla de manera efectiva.

A estas alturas, seguramente habrás notado que el proceso de crecimiento de una congregación no es sencillo. Lo que se plantea en este libro no apunta únicamente a un crecimiento numérico, sino a un crecimiento integral en todos los aspectos.

C)   CRECIMIENTO INTEGRAL

El crecimiento integral del creyente no solo aporta abundante fruto y estabilidad a la congregación, sino que también genera un testimonio poderoso.

El nuevo creyente de nuestra congregación debe comprender que, al permanecer con nosotros, tendrá la oportunidad de desarrollarse en todos los aspectos de su vida: física, financiera, familiar y ministerial. Por ende, nuestro plan de recepción debe abarcar cada unode estos aspectos.

No es necesario abordar todos los talleres o desarrollos de forma simultánea. Puedes programarlos en un calendario mensual, bimensual, semestral o anual. Lo fundamental es que la congregación esté consciente de que se está encaminando hacia la formación que necesitan.

Quizás te preocupe que el proceso pueda ser lento para algunos, pero debemos recordar que no podemos proporcionar toda la formación de una sola vez, especialmente si somos unaiglesia pequeña. Te animo a que visualices esto en el contexto de un proyecto y una visión a diez años. ¿Dónde estarán aquellos en quienes has invertido tiempo en tu ministerio dentro de una década?

Si intentáramos abordar todos los temas de una sola vez y quisiéramos que todo cambie en un año, es probable que no obtendríamos resultados fructíferos. Sería equivalente a completar una carrera de abogacía, incluyendo grado, posgrado y doctorado, en un solo año.

¿Qué nivel de abogado seríamos en ese caso?

Vivimos dentro del fluir del tiempo, y es sabio aprovecharlo a nuestro favor para lograr un crecimiento sostenible y efectivo.

EJERCICIO

Te invito a realizar un ejercicio reflexivo. Por favor, escribe los nombres de las cuatro personas más cercanas a ti y detalla cuánto has influenciado en sus vidas en el último año, en los últimos dos años y en los últimos cinco años. ¿Han experimentado cambios significativoso siguen en la misma situación? Puede ser que haya mejoras leves, pero ¿existen transformaciones notables en áreas como sus familias, finanzas, estudios, entre otros aspectos?

Te animo a tomarte el tiempo necesario para llevar a

cabo este ejercicio. Sé honesto contigo mismo. Es posible que, al hacerlo, descubras si estás enfocado en tareas de repeticiónen lugar de brindar una verdadera formación y desarrollo a aquellos a tu alrededor.

D) LA FORMACIÓN COMO TAREA
INTEGRAL DE LA IGLESIA

"La iglesia integral es aquella que todos los ámbitos de la vida son campos misionerosy busca maneras de afirmar la soberanía de Jesucristo en todos ellos".[6]

La formación integral es clave para el desarrollo de la iglesia y su capacidad de impactar en todos los ámbitos misioneros. En el capítulo L, ampliaré en detalle este concepto. Sin embargo, desde ahora es fundamental comprender que, como pastores y líderes, debemos ser proactivos y enfocarnos en la preparación integral de la iglesia.

La formación integral implica no solo un periodo de crecimiento espiritual, sino tambiénintelectual. Es crucial proporcionar a la congregación herramientas prácticas

---

[6] Rene Padilla.
Una Ekklesia Saludable e Influyente

que puedanaplicar en su vida cotidiana. Esto les permitirá buscar soluciones a sus desafíos a través del discernimiento guiado por el conocimiento intelectual y espiritual, ya sean problemas matrimoniales, relaciones interpersonales, asuntos financieros, entre otros. Este enfoque integral capacita a los discípulos para abordar situaciones diversas con sabiduría y confianza. Hasta ahora, hemos enfocado nuestra atención en la ortodoxia como un ejemplo de vida, la disciplina y la enseñanza como herramientas esenciales para la vida espiritual. Sin embargo, no hemos explorado en profundidad la ortopraxis.

La ortopraxis se refiere a la correcta aplicación de principios y creencias en la práctica diaria. Se trata de acciones y proyectos que tienen un impacto real y transforman la realidad de acuerdo con un ideal que se considera lo mejor para todos. Implica involucrarse activamente en la realidad que se busca cambiar, definir los valores que se desean promover,crear alternativas de vida que se quieren consolidar y tomar decisiones tácticas y estratégicaspara lograr los objetivos establecidos.

Este es el punto en el que las reuniones de discipulado, los retiros ARBOL y todos los estudios sobre finanzas, matrimonio, entre otros, adquieren un significado crucial dentro de la visión de la iglesia. Esto se debe a que la formación del discípulo, a semejanza de Cristo, se lleva a cabo dentro del contexto de la comunidad de fe y no de manera aislada o apartada de ella.

Estos recursos y actividades no solo fortalecen la formación integral de los creyentes, sino que también promueven la unidad y el crecimiento colectivo de la congregación. Es en este entorno de interacción y aprendizaje mutuo que los discípulos pueden desarrollarse de manera más efectiva hacia la imagen de Cristo.

La ortopraxis implica la correcta conducta que un cristiano debe demostrar en cualquier situación. Por tanto, no es adecuado creer que simplemente con brindar un sermón los domingos se logrará el cambio. La transformación es obra del Espíritu Santo, pero la iglesia tiene la responsabilidad de ser un apoyo en este proceso, educando, corrigiendo, restaurando y guiando a aquellos que se desvían del camino[7]. Su propósito es ayudar a levantar a quienes caen y hacerlos regresar al sendero correcto.

El libro de Deuteronomio subraya la importancia de presentar repetidamente la Palabra de Dios tanto a nosotros

---

[7] Para ampliar este concepto lee el apéndice 3

como a nuestras familias.

Deuteronomio 6:7-9: *"Las repetirás a tus hijos, y les hablarás de ellas estando en tu casa,y yendo por el camino, y al acostarte, y cuando te levantes. Las atarás como una señal en tu mano, y estarán como frontales entre tus ojos; y las escribirás en los postes de tu casa, yen tus puertas".*

Este pasaje enfatiza la constante exposición y reflexión de las enseñanzas divinas en todos los aspectos de nuestras vidas y hogares.

Dice Rene padilla que "la ortopraxis es tan importante como la ortodoxia ya que los discípulos de Jesús no se distinguen por ser meros adherentes de una religión, -un culto a Jesús- sino por un estilo de vida que refleje el amor y la justicia del Reino de Dios. La misiónde la iglesia por lo tanto no puede limitarse a proclamar un mensaje de salvación del alma, su misión es hacer discípulos que aprendan a obedecer al Señor en todas las circunstancias de la vida diaria, tanto en lo privado como en lo público, tanto en lo personal, como en lo social, tanto en lo espiritual como en lo material"[8]

Debemos concebir el proceso de recepción como una guía integral para el crecimiento espiritual, personal y

[8] R, Padilla, Introducción para la misión integral, pág. 24

financiero de los creyentes en la congregación. Como líderes, si encontramos áreas en las que no poseemos la experiencia necesaria, buscamos a aquellos que puedan brindarla. Esto no menoscaba tu autoridad pastoral, sino que amplía tu capacidad deacción. No estás solo en la labor de formación; tu rol como líder es supervisar y coordinar este proceso.

En nuestra labor de recepción de nuevos congregantes, es fundamental que promovamoscuatro características que resultarán de gran utilidad en sus vidas y que fueron destacadas por la Reforma para diferenciarse de la Iglesia Romana. La Reforma propuso que la iglesia se caracterice por su santidad, unidad, universalidad y apostolicidad.

En el proceso de recepción, es esencial instruir a la iglesia en los pilares de la santidad, la unidad y la universalidad. Debemos proporcionar a la congregación un entendimiento completo sobre cómo cultivar y fortalecer estos aspectos en sus vidas. La cuestión de la apostolicidad del creyente será abordada a profundidad en el capítulo L. A través de esta formación integral, la iglesia estará mejor preparada para abrazar y vivir conforme a estos valores fundamentales.

E) La Santidad

Promover la santidad en la vida del creyente es una labor continua que va más allá de unsimple seminario de fin de semana. Este aspecto crucial debe ser cultivado diariamente en lamentalidad de la congregación. El discipulado en esta esfera de la vida debe ser presentado de manera intencional por los líderes de la iglesia. Tenemos la responsabilidad de llevar a cabo esta tarea educativa de forma comprometida y constante.

La idea de santidad a menudo se ha abordado desde una perspectiva equivocada, enfocándose en aspectos superficiales como la vestimenta, como si llevar una corbata o unafalda, según el género, hiciera a alguien santo. En realidad, la santidad proviene de la comunión con el Espíritu de Dios y no de la apariencia externa.

El Señor nos instruye: "Sed santos, porque yo soy santo"[9]. A menudo hemos enfocado esto como una mera orden, como si los seres humanos pudieran lograr la santidad por sí mismos. Pero el verdadero propósito es enseñar la santidad a través de la Palabra, guiando a nuestra congregación para que cada día se acerque más a Aquel que

---

[9] Deuteronomio 14.2 y 1 Pedro 1:15-16 RVR1960

es Santo, nuestro Señor y Dios. Incluso cuando alguien cae, lo tratamos con amor y lo ayudamos a levantarse, siguiendo el consejo de Pablo, para que Cristo sea formado en él.

Por lo tanto, cuando leo 1 Pedro 1.2,[10] no percibo una orden impuesta, sino más bien a un pastor hablándole a la iglesia, diciendo: "Ustedes pueden ser santos porque su Padre celestial es santo". De la misma manera en que el hijo de un millonario hereda riquezas, nosotros heredamos la santidad de nuestro Padre celestial.

Es una perspectiva realmente poderosa. Cuando contemplamos este pasaje desde el punto de vista de la herencia de la santidad que recibimos de nuestro Padre celestial, todo cobra una nueva dimensión. A medida que nos mantengamos unidos a Dios, a medida que nuestra congregación se mantenga unida y a medida que cada discípulo sea educado en la santidad del Señor, experimentaremos una fluidez aún mayor en la práctica de la santidad en nuestras

vidas y en nuestra comunidad. Esta comprensión nos motiva a buscar cada día una mayor cercanía con el Señor y a cultivar la santidad en todos los aspectos de nuestra

---

[10] elegidos según la presciencia de Dios Padre en santificación del Espíritu, para obedecer…

existencia.

1 Pedro 1:15-16 *"sino, como aquel que os llamó es santo, sed también vosotros santos en toda vuestra manera de vivir; porque escrito está: Sed santos, porque yo soy santo"*.

F) La Unidad

La unidad es un elemento fundamental en la visión que el propio Señor Jesús tenía para su iglesia. En la oración final registrada en el libro de Juan, Jesús enfoca su petición en la unidad de toda la iglesia. Esto no solo es relevante para el bienestar interno de la comunidad de creyentes, sino que también tiene un impacto significativo en cómo el mundo percibe y conoce a Jesús. La unidad entre los creyentes de la iglesia es un testimonio poderoso de la obra de Cristo en medio de nosotros.

Juan 17:21-23 *"para que todos sean uno; como tú, oh, Padre, en mí, y yo en ti, que también ellos sean uno en nosotros; para que el mundo crea que tú me enviaste. La gloria que me diste, yo les he dado, para que sean uno, así como nosotros somos uno. Yo en ellos, y tú en mí, para que sean perfectos en unidad, para que el mundo conozca que tú me enviaste, y que los has amado a ellos como también a mí me has amado"*.

Cuando menciono la unidad, no me refiero exclusivamente a la unidad dentro de nuestracongregación, sino que también subrayo la importancia de la unidad con otras congregaciones como parte del cuerpo de Cristo. Debemos comprender que formamos una sola iglesia en Cristo, y cada uno desempeña un papel especial en la intercesión y oración que el Señor Jesús estableció. Es fundamental reconocer que no somos la única entidad que posee la verdad ni la única iglesia que proclama la verdad. Como pastores y líderes, debemosenseñar a aquellos que se unen a nuestras congregaciones que todos somos miembros de unsolo cuerpo en Cristo. No estamos aquí para criticar a otras iglesias, sino para orar unos porotros y fortalecer la unidad del cuerpo de Cristo en su conjunto.

Si permite que llegue gente a su congregación hablando mal de la anterior en la que estuvo, créame que usted va a sufrir lo mismo cuando se retiren de su congregación. Pero si usted recepciona al que ha llegado herido y sana su dolor, saldrá bendiciendo a su iglesia el día en que le toque partir.

Nancy Bedford[11], una teóloga argentina con un doctorado en teología del Seminario Bautista y autora de varios documentos teológicos, propone agregar marcas

[11] Teóloga Argentina.

al campo misionero de la iglesia para poder discernir si nuestra labor es correcta. Una de las marcas que sugiere es la ecumenicidad. Es importante aclarar que el término "ecumenismo" ha sido objeto de diversas interpretaciones en la iglesia en los últimos años. En este contexto, no se refiere a la unión de religiones como ha sido planteado por el papado y otras corrientes, sinoa la unión de la verdadera iglesia cristiana. A pesar de pertenecer a diferentes denominaciones, la unidad debe estar fundamentada en la doctrina esencial que es Cristo, quien constituye el fundamento de la iglesia.

"Divide et impera"[12], o en castellano "divide y reinarás", una frase atribuida al emperador romano Julio César, es una advertencia relevante para la iglesia. La división nos expone a dos consecuencias: en primer lugar, nos debilita. Como dice Amós 3:3, *"¿pueden dos caminar juntos sin estar de acuerdo?"* Existe un poder inherente en la unidad. Si en tu ciudad no hay unidad entre líderes pastorales y denominaciones, permíteme decirte que el enemigo está ganando terreno. Comienza a orar y a enseñar a la congregación acerca del poder de la unidad. Que cada individuo que se acerque a tu congregación ya sea

---

[12] En griego antiguo «Διαίρει καὶ βασίλευε» La expresión se hizo ampliamente conocida gracias al economista y filósofo francés Pierre Joseph Proudhon (1809-1865)

convertido o no, perciba   la unidad que Jesús nos encomendó. En segundo lugar, la división nos priva de la capacidadde edificarnos mutuamente. Perdemos el apoyo mutuo en medio de las crisis.

Como cuerpo de creyentes, formamos parte de una visión que el Señor nos ha encomendado. Es crucial recordar que no somos la única iglesia de Dios. Aunque pueda parecer obvio, en ocasiones, al ejercer nuestra labor como iglesia, tendemos a querer abarcarla mayor cantidad de terreno posible. Esto se debe a que nos han enseñado que la misión dela iglesia es hacer discípulos.

Sin embargo, al reconocer que no somos la única iglesia y que hay otras congregaciones que predican el mismo evangelio, podemos alivianar nuestra carga y focalizarnos en "hacer"según los dones específicos que posea nuestra congregación.

Es crucial comprender que no siempre es mejor abarcar demasiado, ya que puede llevarnos a desgastarnos y a la frustración. Incluso, aquellos que tenían el potencial para serlíderes pueden terminar alejándose de las iglesias. Por ello, es importante reconocer que la tarea de recepcionar a los congregantes es una labor constante que requiere de responsabilidad y discernimiento. No dudes en buscar sabiduría en el Señor, así como apoyoy consejo de otros pastores y colegas que hayan enfrentado situaciones similares. La oración es una herramienta poderosa, y trabajar en conjunto con líderes de tu ciudad en áreas específicas puede llevar a ver la obra de Dios en acción con gran poder.

G) La Universalidad

La universalidad de la iglesia cristiana nos brinda consuelo al recordarnos que no estamossolos. Un ejemplo claro se presenta con el profeta Elías, quien se siente abrumado por la sensación de soledad después de su confrontación con los profetas de Baal y de Asera. Este sentimiento lo lleva a exclamar en 1 Reyes 19:10 *"Solo yo he quedado"*. La experiencia de

la soledad en el ministerio es más común de lo que muchos imaginan, y lamentablemente hallevado a pastores a enfrentar el cansancio, la depresión y, en casos extremos, incluso el suicidio. Algunos recurren a medicamentos para conciliar el sueño, otros pierden la conexióncon sus familias, incluyendo a sus esposas e hijos, debido a la carga de la responsabilidad que llevan en solitario. Esta realidad es una llamada urgente a promover el apoyo y la comunión entre los líderes del cuerpo de Cristo.

Cuando recibimos a nuevas personas en la iglesia, es esencial educarlos sobre el conceptode la universalidad de la Iglesia de Cristo. Como he enfatizado a lo largo de este libro, también es crucial transmitirles la visión y misión específicas que nuestra congregación llevaadelante. Esto les permitirá comprender su papel en el contexto más amplio de la comunidadcristiana y cómo contribuir al propósito de nuestra iglesia local. ¡Imagínese si cada iglesia asume una parte del compromiso! esto no solo alivia la carga financiera y física, sino que también crea un ambiente de colaboración y unidad entre las iglesias locales. Juntas, puedenalcanzar un impacto mucho mayor en la comunidad que si cada una actuara de manera independiente. Además, esto demuestra a la comunidad que la Iglesia de Cristo trabaja en armonía y se preocupa por las necesidades de aquellos que les rodean. Esto es solo un ejemplode cómo la universalidad de la iglesia puede fortalecer y expandir el alcance de nuestro ministerio local.

Al unir fuerzas con otras congregaciones, se logra una distribución más equitativa de la carga y una mayor eficiencia en la labor de ayuda comunitaria. Además, esta colaboración fomenta la unidad entre las iglesias y demuestra un testimonio poderoso de amor y servicio a la comunidad. Juntas, tienen la capacidad de marcar una diferencia significativa en la vidade aquellos que necesitan ayuda.

Puedo compartir esta perspectiva porque he tenido experiencia gestionando comedores comunitarios en una de las congregaciones que he liderado.

UN EJEMPLO DE ESTO

Imagínese en esta situación: levanta la mirada y se da cuenta de que en su barrio hay un total de cinco iglesias. Usted se reúne con los pastores, comparte la visión y llegan a un acuerdo para colaborar juntos en la tarea de alimentar a los necesitados del barrio. Así, la carga ya no recae solo en usted y esa familia, sino que se distribuye entre todas lascongregaciones. Puede ser que un lunes le toque a usted, un martes a otra congregación, un miércoles a la siguiente, y así sucesivamente hasta cubrir todos los días de la semana.

Este planteamiento presenta una situación interesante. Por un lado, al trabajar en conjuntocon otras cuatro iglesias, no solo se resalta el nombre de su congregación, sino también el de

las demás. Esto, sin embargo, conlleva un beneficio adicional: la gloria es atribuida al SeñorJesús, quien es el centro de nuestra labor.

Este ejemplo puede no ser exactamente aplicable a su situación, pero puede haber otras instancias similares, como el mantenimiento de una señal de radio o la expansión de alcance televisivo a toda una ciudad. Al colaborar con otros siervos de Dios, es posible compartir los gastos y lograr el objetivo común de llevar el evangelio a toda criatura, siempre con el propósito de que la gloria sea dirigida hacia el Señor.

Dios consoló a Elías, mostrándole que no estaba solo en su compromiso de servirle. Le reveló que había siete mil hombres que no habían cedido a la tentación de adorar a Baal y que permanecían fieles al Señor. Esta revelación es un recordatorio de que a menudo, en medio de los desafíos, no vemos a aquellos que comparten nuestra misma dedicación.

Así que, no te desanimes ni te sientas aislado. Levanta tu cabeza y comienza a buscar a aquellos con quienes puedas unirte en la labor de servir al Señor. Juntos, podrán compartirlas cargas y aliviar el peso de unos sobre otros. La comunión (decía comunidad) y colaboración en el servicio a Dios fortalece y revitaliza tanto a líderes como a congregantes.Para concluir este capítulo, es crucial que asuma la responsabilidad de recibir a aquellos que se congregan, pero no con el único propósito de llenar bancas, como a veces se haenfatizado en el enfoque del "iglecrecimiento". Es posible tener los asientos ocupados, pero una iglesia carente de un entendimiento profundo sobre la labor que deben desempeñar.

Su misión como pastor y líder es educar, desarrollar, formar y capacitar a los congregantes, para luego enviarlos con el propósito de multiplicarse en el servicio y en la expansión del Reino de Dios. La calidad del crecimiento espiritual y la comprensión de la visión de la iglesia deben ser prioridad sobre la cantidad de asistentes.

TAREA

Tómese el tiempo necesario para planificar la labor que la congregación llevará a cabo en el proceso de recepción en los próximos años. Diseñe un cronograma de trabajo eficienteque contemple etapas de crecimiento y desarrollo. Si en algún momento siente que no posee la capacidad suficiente, recuerde que hay una comunidad de creyentes dispuestos a brindar apoyo. Pastores y líderes de otras congregaciones pueden colaborar gustosamente en el desarrollo de la visión para su comunidad.

Herramientas útiles para alcanzar estas metas

Es importante establecer metas que sean realistas y alineadas con la visión y misión queya ha definido en el capítulo anterior. Estas metas deben abarcar tanto objetivos a corto, mediano y largo plazo.

Además, le sugiero que cree un análisis FODA, que consiste en identificar y evaluar las Fortalezas, Oportunidades, Debilidades y Amenazas que puedan influir en la implementación del plan de recepción de la congregación.

A continuación, proporciono una breve orientación sobre cómo abordar cada punto:

1) **Establecimiento de Metas:**

✓ Asegúrese de que las metas sean específicas, medibles, alcanzables, relevantes ycon un plazo de tiempo definido (SMART por sus siglas en inglés).

✓ Alinee estas metas con la visión y misión de la congregación para garantizar quecontribuyan al cumplimiento de su propósito.

2) **Análisis FODA:**

Fortalezas (F): Identifique los puntos fuertes de su congregación y de su plan de recepción. Esto puede incluir recursos, habilidades, experiencia, o cualquier ventaja competitiva que posean.

En el apartado de Fortalezas, se debe considerar la inclusión de los dones y habilidades presentes en la congregación que permiten llevar a cabo diversas tareas de manera efectiva. Por ejemplo, si hay discípulos con una inclinación natural para servir y lo aplican en la comunidad o en la iglesia, constituye una fortaleza que se debe destacar. En este sentido, se puede registrar en el recuadro de fortalezas bajo la categoría de "Servicio". De igual manera, si se cuenta con recursos económicos sólidos, se debe consignar bajo la denominación de "Buenas Finanzas", y así sucesivamente, completando exhaustivamente este apartado.

Oportunidades (O): Analice los factores externos que pueden ser aprovechados a su favor. Pueden ser tendencias del mercado, cambios en la comunidad, avances tecnológicos, entre otros.

En el apartado de Oportunidades, es importante

destacar aquellas situaciones o circunstancias que brindan un entorno propicio para avanzar en la realización de los objetivos delineados en la misión y la visión que ha formulado. A modo ilustrativo, considerando el ejemplo del establecimiento de un comedor comunitario y reconociendo la fortaleza en cuanto a la solidez económica, se deberá identificar como oportunidad la posibilidad de involucrar a familias dispuestas a colaborar con el comedor. Asimismo, si se mantiene una relación estrecha con el gobierno local y existe la posibilidad de obtener fondos destinados al comedor, se debe consignar en este apartado como "Contactos con el Gobierno". De esta manera, se aprovechan las oportunidades para avanzar en la materialización de los proyectos.

Debilidades (D): Reconozca las áreas de mejora o limitaciones internas. Pueden estar relacionadas con recursos limitados, falta de experiencia, o aspectos que necesitan fortalecer. En el apartado de Debilidades, se reflejan aspectos internos de la iglesia que requieren atención y mejora. A pesar de contar con fortalezas en recursos económicos y aprovechar oportunidades de colaboración gubernamental para la implementación del comedor comunitario, es necesario reconocer que se presenta una debilidad en la falta de personalcapacitado en el área culinaria para atender a un gran número de personas. En este sentido,se debe registrar en el recuadro correspondiente como "Falta de expertise en área culinaria"y proceder de igual manera con cada debilidad identificada. Este análisis crítico permite abordar y corregir los puntos susceptibles de mejora en la operatividad de la labor de la

iglesia.

Amenazas (A): Identifique los factores externos que pueden representar un desafío o riesgo para el éxito de su plan. Esto puede incluir competencia, cambios en regulaciones, crisis económicas, entre otros.

En el apartado de Amenazas, se contemplan factores externos que pueden representar desafíos y que escapan a nuestro control directo. En el ejemplo del comedor comunitario, una amenaza evidente sería depender únicamente de los recursos proporcionados por el gobierno actual. En este sentido, se debe registrar en el recuadro correspondiente como "Cambios en la Administración Gubernamental". Este escenario plantea la necesidad de diversificar las fuentes de financiamiento y buscar estrategias para garantizar la continuidad y el éxito del proyecto. Identificar y enfrentar estas amenazas fortalece la resiliencia y la capacidad de adaptación de la iglesia ante posibles cambios o adversidades.

Recuerde que este análisis le proporcionará una visión más completa y estratégica, permitiéndole tomar decisiones informadas y anticipar posibles obstáculos en la ejecución de su plan de recepción.

TAREA FODA[13]

Coloca en un papel el objetivo RECEPCIONAR ahora comienza a trabajar cada puntoen cada recuadro como la imagen que ves a continuación.

Recuerda que recepcionar es el poder hacer crecer a la gente en lo personal, lo espiritualy lo material.

EJEMPLO DE CÓMO ENSEÑAR FINANZAS utilizando FODA

Fortalezas: Contamos con contadores y teólogos en nuestra congregación, quienes tienen experiencia en la enseñanza de finanzas tanto desde una perspectiva bíblica comopersonal.

---

[13] Utilice el recuadro FODA como lo ejemplifico en la página 155.

Oportunidades: Dada la situación económica actual del país, existe un creciente interésen aprender estrategias para manejar de manera efectiva los recursos y llegar a fin de mes.

Debilidades: Nos enfrentamos al desafío de no contar con un espacio físico designado para llevar a cabo las charlas de crecimiento. Para superar este obstáculo, consideraremosalternativas como clases virtuales a través de plataformas como Zoom, o buscar colaboración con otras congregaciones o autoridades locales para obtener un espacio adecuado.

Amenazas: Es importante reconocer que hay factores externos que escapan a nuestro control. Por ejemplo, la posibilidad de que alguien no sea fiel en la administración financiera de la iglesia podría generar conflictos. Ante esta situación, se requerirá tomar medidas preventivas, como la formación y orientación del individuo o, en caso necesario, considerar otras opciones.

No obstante, aunque este proceso pueda parecer desafiante, recuerda que el EspírituSanto está contigo para guiarte. No dudes en contar con mi asesoría en lugardedios.com para definir estos puntos con mayor detalle.

Querido líder y pastor, amplía tu visión y emprende la

maravillosa tarea de formar a la iglesia de Cristo, llevándolos a la madurez espiritual. Recuerda, RECEPCIONAR no se limita a un simple gesto de bienvenida, sino que involucra a toda la iglesia en este proceso de crecimiento y desarrollo, hasta que Cristo sea completamente formado en cada uno de ellos.

DIAGRAMA DE RECEPCIONAR[14]

---

[14] Diagrama complete pág. 156

Gustavo Prieto

Herramientas para la lectura

En las páginas que siguen, te invito a explorar un nuevo horizonte en el significado de la palabra "bendecir". Prepárate para embarcarte en un viaje que cambiará la forma en que comprendemos y practicamos esta acción fundamental en nuestra fe. Estoy seguro de que después de sumergirte en este capítulo, no podrás volver a utilizar la palabra "bendecir" de la misma manera.

En este nuevo capítulo, vamos a adentrarnos en el concepto de bendecir simplemente por bendecir, sin importar si las personas se congregan o no, si desean asistir a nuestra iglesia o a cualquier otra. A través de testimonios personales y reflexiones profundas, te mostraré cómo el acto de bendecir sin esperar nada a cambio es una enseñanza fundamental de nuestro Señor Jesús, una instrucción que Él nos envió a seguir en Su Palabra.

Este capítulo te desafiará a repensar tu comprensión de la bendición y a incorporarla en tu vida de una manera más profunda y significativa. Te animo a leer con entusiasmo y mente abierta, porque estoy seguro de que esta nueva perspectiva transformará tu relación con Dios y con los demás. ¡Prepárate para una revelación que cambiará tu camino espiritual!

CAPÍTULO B

BENDECIR
Lucas 6.38

Dad, y se os dará; medida buena, apretada, remecida y rebosando darán en vuestro regazo; porque con la misma medida con que medís, os volverán a medir.

Durante muchos años, he reflexionado profundamente sobre nuestra forma de impartir bendiciones. En este tiempo, hemos practicado la asistencia y la bendición a otros como una forma de evangelización, sin percatarnos de que el acto de ayudar, por sí mismo, constituye una manifestación tangible del evangelio en acción.

Permítame profundizar en este concepto. Al abordar la evangelización de un lugar, a menudo decimos, por ejemplo, "vamos a llevar alimentos a quienes viven en situación de calle", con la intención de orar por ellos y luego invitarlos a la iglesia.

Sin embargo, deberíamos decir: "Vamos a llevar alimento a quienes están en situación de calle porque tienen hambre". Este enfoque implica bendecir por el simple acto de bendecir. Si después se presenta la oportunidad de orar por ellos, lo hacemos, y si deciden unirse a nuestra congregación, ¡mejor aún! No impartimos bendiciones con ningún otro propósito que no sea bendecir, porque reconocemos que es más dichoso dar que recibir, y lo hacemos sin esperar nada a cambio, tal como nos enseña la Palabra de Dios.

Hemos convertido la bendición en un modelo de evangelización, y a menudo esperamos una respuesta favorable por parte de aquellos a quienes ayudamos. Al dar con la expectativa de recibir algo a cambio, desvirtuamos el verdadero significado del acto de dar.

Imagínese una iglesia donde sus miembros son libres de dar generosamente según lo guía el Espíritu en sus corazones, sin ninguna expectativa de retribución. Sería una bendición extraordinaria contar con una congregación que considera sus recursos financieros como una herramienta para bendecir a otros, en lugar de buscar beneficios personales.

Los mensajes de prosperidad han influido en la iglesia, llevando a muchos congregantes a buscar sus propios objetivos y metas a través de la petición constante. Esto ha sembrado en el corazón de la iglesia un espíritu de materialismo y ha saturado sus pensamientos con el deseo de obtener beneficios materiales para su propia satisfacción.

A) Convertirnos en un Centro de Bendiciones

Debemos bendecir sin esperar retribución alguna. Nuestros programas de impacto en la ciudad deben estar impregnados del amor de Dios. Si vamos a llevar a los jóvenes a la plaza para evangelizar, no lo haremos con el objetivo de atraerlos a la congregación, sino movidos por el amor. Llevaremos el evangelio por amor, les daremos de comer por amor y les proporcionaremos abrigo por amor.

Un pequeño testimonio

Hace varios años, mientras pastoreaba mi primera congregación en la ciudad de Buenos Aires, el Señor me enseñó la importancia de dar sin esperar nada a cambio. La iglesia se encuentra en San Fernando, Buenos Aires, Argentina. Fue allí donde mi esposa y yo nos dimos cuenta de la necesidad de servir a la comunidad en el ámbito social.

Tomamos a nuestro cargo un comedor comunitario que ya estaba en funcionamiento, pero decidimos expandir su alcance. Empezamos a trabajar con jóvenes que se encontraban atrapados en las garras de las drogas. Para mí, era un desafío considerable, ya que nunca había consumido drogas ni fumado un cigarrillo en toda mi vida. Sin embargo, trazamos una visión clara, la plasmamos en papel y establecimos metas a corto, mediano y largo plazo. Así comenzamos nuestra labor.

Poco después, entramos en contacto con un ministerio llamado "Un Encuentro con Dios". Estaban dedicados a ayudar a aquellos que luchaban contra las adicciones. El pastor fundador, Víctor Gómez, había salido adelante después de haber vivido en medio de las adicciones, y Dios lo estaba usando de manera notable para liberar a otros en situación similar. Nos brindaron su apoyo de manera generosa y enviaron a jóvenes que ya habían superado sus adicciones para colaborar en nuestro barrio. Con el tiempo, Dios nos bendijo con un lugar en González Catán, Buenos Aires, donde podíamos alojarlos. Extendimos nuestro trabajo para incluir visitas a la comisaría local, donde algunos familiares de aquellos a los que le ayudábamos estaban detenidos.

Aunque estábamos teniendo un gran impacto en el barrio y nos estábamos haciendo conocidos, el número de congregantes los domingos no crecía tanto como yo quería. Durante la semana, las actividades para mujeres eran un éxito rotundo, llenando el templo. Las familias recibían Palabra y bendición a través de ellas, y veíamos transformaciones. Las actividades con los jóvenes también iban en aumento; comenzábamos los sábados por la tarde en la plaza del barrio, con actividades deportivas que interrumpíamos para compartir la Palabra. Por la noche, abríamos la iglesia y, de repente, pasábamos toda la noche hasta la mañana en el templo. La cuadra se llenaba de jóvenes y la iglesia se convertía en un refugio donde podían pasar la noche, divertirse sanamente sin drogas ni alcohol.

El municipio nos abrió las puertas de las escuelas para llevar un mensaje llamado "No Más Violencia, Un Mensaje de Dios". La recepción y el cambio fueron tan notorios que me ofrecieron organizar un evento en un estadio con varias escuelas. Así, teníamos alrededor de tres mil a cuatro mil chicos de las escuelas difundiéndoles el mensaje: "No a las drogas, no al alcohol y no a la violencia".

Un día, me contactaron desde la Presidencia de la Nación porque se habían enterado de lo que estábamos haciendo en San Fernando. Por instrucciones de la Presidencia, querían apoyarnos a través del desarrollo social para atender nuestras necesidades. ¡La secretaria de Alicia Kirchner, la jefa de Acción Social, me llamó a mi casa! En un acto político, el intendente municipal declaró públicamente que yo era el referente para trabajar en la sociedad.

Imagínense esto: una pequeña iglesia influenciando la sociedad al punto de captar la atención de la Presidencia del país. La Intendencia local me veía como el referente para el trabajo social, como el hombre ejemplar. Tenían constancia de lo que estábamos logrando y todo era positivo.

Todo marchaba bien. Dios abría puertas para evangelizar en la ciudad, llegando incluso a los canales de televisión locales y a un canal nacional, el Canal 9 de Buenos Aires, que vino a hacernos un reportaje sobre lo que sucedía en San Fernando. Salíamos en los periódicos, tanto en los cristianos como en los seculares. Todo parecía ir bien.

Sin embargo, un día empecé a darme cuenta de que los domingos seguíamos siendo muy pocos, o no todos los que yo imaginaba que deberíamos ser. Mis inseguridades y mi ego me llevaron a sentir amargura porque no todos los que impactábamos venían los domingos. Mi ego me susurraba: *"Si todos aquellos a los que estamos bendiciendo vinieran a congregarse los domingos, las otras iglesias se darían cuenta de que somos más grandes de lo que parecemos".*

Comencé a notar que muchos de los jóvenes a los que estábamos alcanzando perdían la vida trágicamente. Algunos morían por circunstancias fuera de su control, otros, cuando estaban en proceso de recuperación, se veían enfrentados a tragedias familiares inexplicables. Todo esto desvió mi atención y comencé a notar que predicaba a más personas en velorios que en la congregación los domingos. Algunos pastores amigos, sin intención de herirme, empezaron a hacer bromas ya que en una semana estuve en un velorio diferente cada día. Entonces, inevitablemente, me enfadé con el Señor.

Sí, aunque parezca increíble, me enfadé con el Señor. Le preguntaba por qué se llevaba a estas personas, por qué no las dejaba en la congregación. Por qué todos hablaban de nosotros, pero no había quien se congregara los domingos.

Permítame traducir esto: indirectamente, le estaba diciendo al Señor que quería tener una iglesia grande para que todos me reconocieran y dijeran "qué excelente ministro era el Pastor Gustavo."

Mi esposa solía decirme: "No entiendo por qué te enfadas, estamos llevando el evangelio a todas partes".

Sabía que tenía razón, pero estaba tan centrado en mí mismo que no veía lo que el Señor estaba haciendo. Quizás ese enojo se debía, en parte, a que estaba pastoreando a tiempo parcial. Pasaba muchas horas fuera de la iglesia y observaba a otros pastores que hacían mucho menos que yo, vivían del ministerio, disfrutaban de vacaciones en familia y tenían autos mejores que el mío.

De repente, me di cuenta de que ya no bendecía a la comunidad necesitada simplemente por el acto de bendecir. Estaba sirviendo para ser reconocido. Fue entonces cuando el Señor me habló claramente y entendí su mensaje. Frente a mis quejas y enojos por aquellos que fallecían, Él me dijo: "No los estamos perdiendo, los estamos salvando. Todos iban a morir sin mí, ahora están en mi presencia".

Cuando me quejé de que pasaba más tiempo predicando en velorios que en la congregación, Él respondió: "Yo te envío. Tú no vas donde yo no he mandado. Ahí es donde más escuchan nuestro mensaje".

Cuando expresé mi frustración por la escasa asistencia los domingos, Él me hizo entender que la tarea estaba cumplida de igual manera. Durante la semana, teníamos reuniones de mujeres adorando, jóvenes adorando, niños adorando. ¿Por qué todo debía concentrarse solo en el domingo? Así, la iglesia celebraba reuniones de adoración cada día en un barrio donde el pecado era abundante. Con estas reuniones diarias, extendíamos la adoración por todo el barrio y las puertas del templo se mantenían abiertas toda la semana.

Pero, sobre todo, aprendí que perder de vista el propósito de bendecir por el simple amor hacia aquellos a quienes Dios ama, desgasta nuestra vida ministerial.

B) Bendecir debe ser parte del corazón de la congregación

Para que la bendición se arraigue en el corazón de la iglesia, es esencial que trascendamos los límites físicos de nuestro recinto, abandonando la idea de cómo atraer a las personas a nuestras actividades. En su lugar, debemos dirigirnos hacia donde ellos se encuentran. En resumen, la Gran Comisión implica salir al encuentro de las personas en lugar de esperar que vengan a nosotros.

Esto significa que nuestra misión no se limita a lo que sucede dentro de nuestras instalaciones. Debemos llevar la luz del evangelio a cada rincón y confín de nuestra comunidad, alcanzando a aquellos que quizás nunca pisarían nuestra iglesia de otra manera. Esto implica comprender las necesidades de la gente y estar dispuestos a servir en los lugares donde viven y trabajan en su día a día. Este ejemplo lo ampliare mucho más en el capítulo L.

Siguiendo el ejemplo de Jesús, no solo predicamos desde un púlpito, sino que nos adentramos en las calles, los hogares y los corazones de las personas. Así como Él fue al encuentro de los necesitados, nosotros también debemos estar dispuestos a salir y ser la presencia tangible del amor y la gracia de Dios en el mundo.

Esto implica escuchar activamente, comprender las luchas y desafíos de nuestra comunidad, y estar dispuestos a ofrecer apoyo y ayuda de manera práctica. Se trata de ser relevantes y accesibles, para que la iglesia se convierta en un faro de esperanza y ayuda para aquellos que la necesitan.

Al adoptar esta mentalidad, no solo expandimos el alcance de nuestro ministerio, sino que también permitimos que la bendición fluya de manera más amplia y profunda en nuestra comunidad. En última instancia, se trata de vivir el evangelio en acción, de ser luz en medio de la oscuridad y de reflejar el amor de Dios de una manera palpable y concreta.

En definitiva, esa es la esencia y la tarea fundamental de la Gran Comisión: llevar el amor, la compasión y el mensaje del evangelio más allá de las cuatro paredes, alcanzando a las personas donde están y ofreciendo apoyo tangible y espiritual. Es un llamado a ser una presencia activa y relevante en la comunidad, reflejando el amor de Dios en acción. Jesús nos dijo en Mateo 28:19-20 *"Por tanto, id y haced discípulos a todas las naciones, bautizándolos en el nombre del Padre, y del Hijo, y del Espíritu Santo; enseñándoles que guarden todas las cosas que os he mandado; y he aquí, yo estoy con vosotros todos los días, hasta el fin del mundo. Amén."*

Ir implica estar en movimiento, estar en el camino, interactuar con el mundo que nos rodea. Ir significa emplear todos nuestros recursos para salir.

Lo que planteamos en primera instancia a la congregación era que la misión principal la asumiríamos a través de los ministerios existentes o aquellos que crearíamos según los dones disponibles en la iglesia. La visión era clara: debíamos extender bendiciones a los demás, sin importar si asistían o no a nuestras reuniones.

En nuestra presentación gráfica, lo representamos de la siguiente manera:[15]

Creo fervientemente que no hay nada más gratificante que seguir el plan de Dios para nuestras vidas. Ir, salir, amar sin esperar retribuciones. Evangelizar por el puro amor hacia aquellos que están extraviados, confiando en que el Espíritu Santo tiene la última palabra en sus vidas.

Querido líder, pastor, o laico, es fundamental centrar la atención de la iglesia en esta tarea de bendecir. Si al final de la semana no los encontramos sentados en los bancos de la

---

[15] Diagrama completo pág. 156

iglesia, es simplemente porque el Espíritu aún no los ha guiado al redil. Pero llegará el momento en que se congreguen.

Quince años después de dejar aquella congregación en San Fernando, aún llegan a mí testimonios de salvación de muchos a quienes apoyamos y bendijimos, y que años más tarde encontraron al Señor, gracias al mensaje que mi esposa y yo predicamos en aquel entonces. Hoy en día, mi esposa ya está en la presencia del Señor, pero continúo recibiendo testimonios de su labor en aquel lugar.

¿Qué estás esperando para bendecir, sabiendo que eres un instrumento de bendición? Dios te ha dotado con herramientas que pueden transformar la sociedad. Te invito a que lo hagas ahora, antes de que sea demasiado tarde.

TAREA:

Para iniciar este proceso de bendición a la comunidad, te invito a reflexionar sobre algunas preguntas claves:

1) ¿Qué necesidades específicas tiene la comunidad en la que me encuentro y que la iglesia puede suplir para brindarles una bendición significativa?

2) Según el análisis de nuestras Fortalezas, Oportunidades, Debilidades y Amenazas (FODA), ¿cuáles son nuestras principales fortalezas que podemos utilizar para impactar de manera positiva en la comunidad?

3) ¿Qué oportunidades se presentan actualmente que podemos aprovechar para llevar a cabo acciones de bendición?, ¿De qué maneras podemos llevar a cabo estas acciones de bendición?

Una vez que hayas respondido estas preguntas, estarás listo para comenzar a diseñar un proyecto de bendición que esté alineado con la visión de tu congregación. Considera la posibilidad de ampliar la visión inicial presentada en este libro e incorporar herramientas adicionales que ayuden a comprender aún más el propósito de tu liderazgo. Esto te permitirá guiar de manera efectiva a tu comunidad en el camino de la bendición y el servicio. ¡Adelante!

Gustavo Prieto

Herramientas para la lectura

En las páginas de este capítulo, nos adentraremos en el profundo significado espiritual del concepto de "operativizar", desde la perspectiva de la psicología social. A medida que exploramos esta herramienta, descubrirás que va más allá de la mera práctica; se convierte en un puente entre lo humano y lo espiritual en el camino del liderazgo.

Este proceso de dar vida a las teorías y conocimientos, de materializar lo abstracto en lo tangible, se convierte en una danza sagrada entre el entendimiento humano y la guía espiritual. A través de ejemplos inspiradores y prácticas enriquecedoras, te llevaré de la mano para que puedas experimentar la trascendencia de este concepto en tu propio liderazgo.

En este viaje, te invito a abrir tu corazón a la conexión entre lo terrenal y lo divino, porque estoy seguro de que al operativizar tus visiones con un enfoque espiritual, no solo transformarás tu liderazgo, sino también el impacto que tienes en las vidas de quienes te rodean. Este capítulo marca un momento de elevación espiritual en tu camino hacia el liderazgo con propósito y trascendencia. ¡Prepárate para un despertar que resonará en lo más profundo de tu ser!

CAPÍTULO 0

Operativizar en el contexto de la psicología social se refiere al *proceso de definir y medir conceptos abstractos (lo que no se ve a simple vista) o variables, (situaciones que pueden pasar en un grupo) para que puedan ser observados y cuantificados de manera empírica.* Esto implica convertir conceptos teóricos en medidas concretas que puedan ser utilizadas en investigaciones empíricas.

En el mundo del liderazgo, se trata de dar lo mejor de nosotros en cada proyecto, enfocándonos en la visión con el objetivo de optimizar los recursos disponibles. El tiempo, un recurso valioso y a menudo limitado, se convierte en una prioridad clave. La clave está en implementar la visión de la manera más eficaz, minimizando el esfuerzo necesario. Esto nos permitirá canalizar nuestras energías hacia múltiples proyectos, alcanzando nuestras metas con la menor fatiga posible. Se trata de trabajar de manera inteligente y estratégica para lograr nuestros objetivos con éxito y sin agotarnos en el proceso.

Esto no es un invento de la Psicología Social, ya que la Biblia, que es la Palabra de Dios y la que nos da la sabiduría para ejercer cada proyecto de manera ágil y eficaz, nos cuenta lo que Moisés estaba pasando, intentando él mismo hacer todo el trabajo posible, pero desgastándose tanto que, seguramente, se le notaba en su rostro, en su manera de expresarse y por qué no, también en sus decisiones. *"Entonces el suegro de Moisés le dijo: No está bien lo que haces. Desfallecerás del todo, tú, y también este pueblo que está contigo; porque el trabajo es demasiado pesado para ti; no podrás hacerlo tú solo. Escoge tú de entre todo el pueblo varones de virtud, temerosos de Dios, varones de verdad, que aborrezcan la avaricia; y ponlos sobre el pueblo por jefes de millares, de centenas, de cincuenta y de diez. Ellos juzgarán al pueblo en todo tiempo; y todo asunto grave lo traerán a ti, y ellos juzgarán todo asunto pequeño. Así aliviarás la carga de sobre ti, y la llevarán ellos contigo. Y oyó Moisés la voz de su suegro, e hizo todo lo que dijo." (Éxodo 18:13 - 24)*

Si hoy tenemos que ponerle un nombre a este consejo, el nombre sería: "Operativizar" : lograr que las cosas fluyan, produzcan resultados y sin que ello afecte la calidad.

Para lograr operativizar de manera correcta un desafío planteado con el fin de alcanzar la visión dentro de la congregación, se deben seguir varios pasos que requieren atención meticulosa para poder medir cómo estamos trabajando. Así podremos determinar si estamos avanzando en la dirección que queremos alcanzar o si nos estamos desviando de ella.

Para ello debemos tener en cuenta estos puntos que nos servirán de guía y enfoque para la medición de cada proyecto.

a. PARA OPERATIVIZAR

I. **TENER UNA DEFINICIÓN CLARA DEL PROYECTO.** Se debe proporcionar una definición precisa y específica del concepto que se quiere medir. Esto ayuda a evitar ambigüedades y confusiones. Recuerde que debe escribir la visión y enseñar la visión cuantas veces sea necesario, para que los resultados, sean los adecuados.

Repase una y otra vez la visión y los objetivos que ya ha escrito para tal fin.

II.   **IDENTIFICAR LOS INDICADORES**: Los indicadores son las mediciones o evidencias concretas que representan el concepto en cuestión. Por ejemplo, si estamos buscando darle forma operativa al concepto de "llegar a aquellos que no conocen a Cristo", los indicadores podrían abarcar el hecho de que los discípulos no están atrayendo a personas de otras congregaciones para hacer crecer la congregación ya que el objetivo no es que crezca la congregación, sino ganar personas para Cristo. Si esto se hace de manera eficaz, la congregación crecerá indiscutiblemente. Si tenemos una visión clara de alcanzar a aquellos que no conocen a Cristo, pero comienzan a llegar personas que pertenecían a otras congregaciones y el Señor las guía hacia ti, entonces entenderás que es el Señor quien está añadiendo aquellos que deben ser alcanzados por tu visión.

III. **DISEÑAR HERRAMIENTAS DE EVALUACIÓN**: Elabora encuestas que incluyan preguntas específicas o elementos diseñados para capturar los indicadores identificados. Estos elementos deben ser precisos y pertinentes al concepto en cuestión y deben ser llenados por líderes o participantes comprometidos con la visión. Por ejemplo, si el objetivo es llegar a aquellos que no conocen a Jesús, las preguntas de medición que podrías hacer, por ejemplo, de manera semestral podrían ser las siguientes:

a. ¿Cuántas personas hemos alcanzado con nuestro mensaje?

b. De los alcanzados, ¿cuántos son nuevos creyentes?

c. ¿Cuántos de los discípulos han impactado en sus lugares de trabajo y ya están influenciando a sus compañeros de trabajo?

Puedes hacer tantas preguntas como sea necesario para obtener una medición precisa del trabajo que estás realizando. Si la evaluación se lleva a cabo de forma semestral, podrías ir recopilando la información y al final del año realizar una evaluación de resultados para determinar si estas cumpliendo con los objetivos establecidos en la visión que el Señor les ha dado como iglesia. Esta metodología resulta eficaz para no desperdiciar tiempo y esfuerzo, y para confirmar que estás llevando a cabo de manera efectiva el trabajo ministerial tanto tu como los discípulos.

IV.   VALIDAR LOS DATOS: Se lleva a cabo un proceso de validación para asegurarse de que la visión se está cumpliendo. Esto implica realizar análisis estadísticos para evaluar la consistencia interna del desarrollo y, a menudo, comparar los resultados con otras medidas relacionadas.

V.   FORMAR UN GRUPO DE EVALUACIÓN:

Antes de implementar encuestas en un estudio formal, es crucial llevar a cabo pruebas piloto con un pequeño grupo de participantes para detectar posibles problemas o confusiones en las preguntas. Con base en los resultados de estas pruebas, se pueden realizar ajustes en los cuestionarios si es necesario. Debemos superar el temor a evaluarnos. Debemos tener la capacidad de medir a corto, mediano y largo plazo si realmente estamos alcanzando nuestro objetivo, como afirmaría el apóstol Pablo.

OPERATIVIZA TODO:

Es fundamental subrayar que todo debe estar sujeto a evaluación y ajuste. No hay nada de malo en reconocer que hemos cometido errores y luego corregir el rumbo. Lo que sucede en muchas ocasiones es que, por miedo a enfrentar el error, se perpetúan las fallas sin posibilidad de mejora.

DIAGRAMA DE PRESENTACIÓN[16]

---

[16] Diagrama completo pág. 156

Gustavo Prieto

Herramientas para la lectura

En las páginas siguientes, nos adentraremos en un concepto que ha sido objeto de reflexión a lo largo de la historia de la Iglesia: LIDERAR. Algunos líderes del pasado, movidos por la búsqueda de una guía efectiva, han abordado la esencia del liderazgo eclesiástico desde una perspectiva que, en mi opinión, no fue acertada. Esto condujo a una reinterpretación, en la que se enfatizó más el término "gobernar" en lugar de "liderar".

Esta nueva comprensión ha tenido un impacto significativo en la dinámica entre líderes y seguidores, llevando a estos últimos a enfocarse no solo en servir a Cristo, sino también en atender las necesidades humanas enfocadas al líder y no a la comunidad. Es importante abordar este tema con sensibilidad y respeto, reconociendo que cada enfoque busca lo mejor para la comunidad de creyentes. A través de esta reflexión, busco fomentar una comprensión más amplia y equilibrada del liderazgo en la Iglesia, que honre tanto la guía espiritual como el servicio a nuestros semejantes convirtiéndonos así en influencers en medio de la sociedad ya que éste cambio de enfoque ha tenido un impacto profundo en la percepción que el mundo tiene de la Iglesia. Una institución que antes era vista como influyente, con el pasar de los años es señalada como abusadora de su poder. Este capítulo es un llamado a la reflexión y a la transformación. Aquí encontrarás las claves para redescubrir nuestra verdadera vocación como Iglesia, aquella que Jesús envió a las naciones con la Gran Comisión en su corazón.

A medida que exploramos juntos estas ideas, te invito a abrir tu mente y corazón a la posibilidad de un cambio radical en la forma en que vivimos y ejercemos nuestro liderazgo en la congregación y fuera de ella.. Este capítulo no solo promete una perspectiva renovada, sino una nueva forma de ser Iglesia, una que refleja el auténtico propósito que Dios nos encomendó.

Prepárate para una transformación que marcará un hito en tu viaje del líder siervo

LIDERAR
Deuteronomio 28.13

Te pondrá Jehová por cabeza, y no por cola; y estarás encima solamente, y no estarás debajo, si obedecieres los mandamientos de Jehová tu Dios, que yo te ordeno hoy, para que los guardes y cumplas.

Liderazgo de servicio en la Iglesia: Un enfoque profundo y espiritual

El liderazgo en la iglesia puede adoptar dos enfoques distintos: el secular, que a menudo conlleva un ejercicio de poder sobre otros, a menudo acompañado de abusos y una actitud apática hacia el bienestar de los subordinados. Por otro lado, está el liderazgo bíblico, que, según el pasaje de Mateo

20:26,[17] insta a aquellos que deseen ser líderes a que se hagan siervos de todos.

En este contexto, los líderes siervos se destacan como facilitadores de la misión integral de la iglesia. Esto implica ser una comunidad que sirve en todas las áreas en las que la comunidad lo necesita, no simplemente como un medio para atraer a la gente a la iglesia, sino para que puedan percibir a Cristo en nosotros.

Hace un siglo y medio, presentábamos un evangelio limitado, que se centraba en el ofrecimiento de ayuda solo a cambio de asistir a nuestra iglesia. Este enfoque limitado afectaba el discipulado, pues se criticaba a aquellos que, tras algún traspié, volvían a sus viejos hábitos.

Este enfoque parcial del evangelio también coartaba la responsabilidad social de la iglesia. Aunque se proporcionaban alimentos y ropa, no se brindaba la capacitación necesaria para que las personas pudieran obtener estos recursos por sí mismas. Por lo tanto, se repetía el ciclo de necesidades insatisfechas.

Los tiempos actuales nos instan a dejar de ser una iglesia aislada, cuyas personas asisten a los cultos, pero no están

---

[17] Mas entre vosotros no será así, sino que el que quiera hacerse grande entre vosotros será vuestro servidor

presentes en la sociedad. Para esto, es crucial que los líderes siervos asuman un rol activo y significativo.

Siguiendo el ejemplo de Efesios 4:1-16[18], donde se enumeran las características de los líderes siervos, se destaca el crecimiento mutuo en amor. Es esencial que tanto el que sirve como el que es servido experimenten un crecimiento en este aspecto, y si surge alguna deficiencia en este sentido, el líder siervo debe intervenir con amor y paciencia.

El líder siervo es aquel que facilita el entendimiento de la Palabra a otros, actuando como un guía y apoyo espiritual. Es alguien que se entrega pensando en el bienestar de los demás y está dispuesto a enseñar con paciencia y amor.

Para convertirnos en una iglesia líder, debemos estructurar nuestras acciones de manera que sean significativas para aquellos a quienes pretendemos acompañar. Debemos ser la imagen de Cristo en sus vidas, ayudándoles a superarse y crecer en su fe. Esto significa que el aprendizaje debe superar la enseñanza, permitiendo que el otro interiorice y aplique las enseñanzas en su vida diaria.

Para alcanzar este nivel de liderazgo de servicio, debemos examinarnos a nosotros mismos y reconocer cualquier deficiencia en este proceso. Jeremías 10:19 nos insta a reconocer

---

[18] Buscar en la Biblia.

nuestra situación, humillarnos ante Dios y clamar por renovación. Esto requiere valentía para evaluar críticamente el liderazgo de la iglesia en la sociedad.

Además, es esencial volver a Jesús como modelo, paradigma y referencia fundamental en nuestro liderazgo. Solo a través de su ejemplo y enseñanzas podemos ser líderes siervos efectivos en la comunidad que servimos.

I. LÍDERES SIERVOS FUERA DE LOS TEMPLOS

Si entendemos la importancia de nutrir a la congregación con la visión de la iglesia, estaremos formando discípulos que encarnen el amor, la fortaleza y el coraje de Cristo no solo dentro de la congregación, sino también en el ámbito secular. Sin embargo, si en lugar de impulsarlos a expandirse, o en lugar de ayudarles a crecer tomando liderazgo espiritual en todos los aspectos de sus vidas, buscamos retenerlos exclusivamente dentro de las paredes del templo, ejerciendo el liderazgo solamente dentro de la congregación, sin hacerles entender que también lideran en el mundo, con el tiempo nos daremos cuenta de que experimentarán frustración y desgaste, y muchos podrían optar por abandonar la congregación e incluso apartarse de la comunión con el cuerpo de Cristo.

Este fenómeno surge principalmente porque se encuentra un límite en el desarrollo ministerial. Es importante destacar que este tope no siempre se debe a la incapacidad de los discípulos, sino que puede estar relacionado con nuestra propia limitación, alimentada por inseguridades y un ego desmedido, tal como se expone en el capítulo B.

Te invito a ser sincero contigo mismo y reflexionar sobre cuántas veces has preferido que líderes competentes se distancien de la congregación porque parecían estar ocupando roles de liderazgo que superaban el tuyo.

John Maxwell[19] aborda este fenómeno como "La Ley del Tope", sosteniendo que la capacidad de liderazgo determina el nivel de eficacia de una persona. En términos simples, la habilidad de guiar a otros es el límite que establece el potencial de una persona. Cuando esta habilidad es limitada, el potencial también lo es. Por otro lado, un nivel elevado de liderazgo incrementa la eficacia de manera proporcional.

II. LÍDERES SIERVOS IMPACTANDO LA CIUDAD

Creo firmemente que es crucial reconocer que los discípulos no solo deben ser nutridos con la visión de la iglesia, sino

---

[19]escritor, entrenador, comerciante y conferencista estadounidense que ha escrito más de 80 libros, que se centran principalmente en el liderazgo. Los títulos incluyen Las 21 leyes irrefutables del liderazgo y Las 21 cualidades indispensables de un líder

también empoderados para llevar a cabo la misión de Cristo en el mundo. Esto implica no solo enseñarles a amar y fortalecerse mutuamente dentro de la congregación, sino también equiparlos para ser agentes de cambio en la sociedad secular.

Al alentarlos a expandirse más allá de las cuatro paredes del templo, les permitimos ejercer su liderazgo espiritual en todos los aspectos de sus vidas. Así, se convierten en embajadores de la fe en el mundo, llevando consigo el amor, la compasión y el coraje que Cristo nos enseñó.

Cuando no fomentamos este crecimiento y expansión, cuando limitamos su liderazgo al ámbito interno de la congregación, corremos el riesgo de causar frustración y desgaste en los discípulos. Recuerda que nutrir a la congregación no se limita solo a la iglesia, sino que implica capacitar a los discípulos para liderar y servir en el mundo secular, llevando así la luz de Cristo a cada rincón de la sociedad.

TAREA

Te animo a tomarte un momento para reflexionar sinceramente sobre tu liderazgo, tanto en tu diálogo interno como en comunión con el Señor. Evalúa si las dificultades que enfrentas en tu papel de líder, así como la falta de avance en el ministerio y la escasez de discípulos, podrían estar relacionadas con obstáculos que requieren tu atención y superación en tu labor pastoral. Encomiéndate al Señor en oración, pidiendo su sabiduría para discernir y vencer estos desafíos.

Para empezar, considera las siguientes preguntas:

¿Mis limitaciones personales han estado restringiendo el crecimiento de los discípulos?

¿Cuáles son los desafíos que están afectando a mi ministerio y cómo puedo superarlos?

¿Estoy orientando a la congregación para que asuma responsabilidades de liderazgo en su día a día?

Después de responder a estas preguntas, es el momento de considerar cómo podemos elevar el nivel de aquellos que nos rodean y promover este enfoque en toda la congregación. Si quieres, tómate un momento para elaborar un proyecto que sea viable en el corto, mediano y largo plazo. Si en este momento no dispones del tiempo necesario y prefieres continuar leyendo, te sugiero organizar una reunión con tus líderes más cercanos para plantearles la posibilidad de discutir este proyecto.

III. LÍDERES SIERVOS PASTOREANDO LA CIUDAD

Exploremos la inspiradora visión de Edgardo Silvoso, un pastor reconocido a nivel mundial que ha revolucionado la forma en que entendemos el ministerio pastoral. En su congregación, ha arraigado el concepto de ser pastores de la ciudad de una manera tan profunda que el ministerio pastoral se expande más allá de los límites físicos de la iglesia.

Silvoso no solo prepara líderes pastorales, sino que los ordena para que cumplan con el llamado de pastorear en sus lugares de influencia cotidianos. Así, lo que tradicionalmente es el rol de uno, dos o, en el máximo tres pastores en una congregación, se convierte en una comunidad incontable de pastores.

Este enfoque innovador se aplica de manera personalizada a cada individuo. Un abogado, por ejemplo, puede penetrar en esferas que un pastor de templo no alcanzaría en su rutina diaria. Por lo tanto, se le imparte un profundo conocimiento de la Palabra y se lo comisiona para liderar a través del servicio en su lugar de influencia.

De manera similar, un jardinero puede visitar más hogares en una semana que todo un ministerio de visitación de una iglesia local. Al reconocer esta potencialidad, se le proporciona un entrenamiento específico y se lo capacita para estar atento

130

a la guía de Dios. Así, se le comisiona en lo pastoral y se lo envía al campo misionero natural que es su lugar de influencia.

IV. UNA IGLESIA LLENA DE LÍDERES FUERA DE LOS TEMPLOS

El proyecto ARBOL representa una invitación a adoptar una perspectiva renovada sobre el ministerio pastoral. En esta visión, cada individuo que se congrega se percibe como un pastor potencial en su comunidad. A través de un proceso de crecimiento cuidadosamente diseñado, aprenderán cómo concretar esta visión, desbloqueando el potencial pastoral en cada persona. Esto le permitirá a la congregación, asumir roles de liderazgo espiritual y convertirse en referentes capaces de brindar consejo, discernir y ejercer influencia en su entorno.

Esta visión del Reino va más allá de la restricción de la Palabra de Dios a un reducido grupo de individuos que se reúnen en un sitio particular. Elimina la necesidad de dedicar esfuerzos a actividades recreativas o de entretenimiento en un intento de atraer a personas no creyentes. En cambio, nos desafía a enfocar nuestros esfuerzos en tareas que generen resultados significativos y moviliza a toda la congregación hacia la acción efectiva.

V. LA IGLESIA EN ACCIÓN: UN LLAMADO A LA EVANGELIZACIÓN PERSONAL

Es el momento de salir y poner en práctica la Gran Comisión, tal como se nos enseñó. Es hora de abandonar los confines de nuestros templos, y ejercer nuestra labor como solíamos hacer en tiempos pasados.

Recuerdo con claridad mi juventud, a los trece años, cuando inicié mi ministerio dirigiendo las alabanzas en las campañas evangelísticas organizadas por mi amigo Eduardo Peralta. Él era un evangelista apasionado por llevar el mensaje a las calles, erigiendo carpas para liberación y predicando. Muchos al ver el movimiento se acercaban al lugar, algunos por curiosidad, otros porque necesitaban oír de Jesús. Muchos recibían la Palabra y aceptaban a Cristo como su único y suficiente Salvador. Conocí a muchos otros evangelistas como él, como era el caso de Carlos Anacondia, mundialmente famoso y quien unía a los pastores de la ciudad y congregaba a multitudes en un solo lugar y veíamos con claridad a Dios actuar de maneras increíbles.

Sin embargo, los tiempos han cambiado y las campañas evangelísticas de ese estilo han ido perdiendo impacto, transformándose en eventos socialmente religiosos, donde miles de personas se reúnen, pero muchos de ellos ya conocen al Señor. Si bien estas concentraciones de adoración, ya sea para escuchar a un predicador o escuchar a algún grupo musical son totalmente valiosas y fomentan la unidad de la iglesia, es evidente que, en esos eventos masivos, solo unos pocos abrazan a Cristo en sus vidas.

Hoy, se impone un cambio de paradigma para cumplir con la Gran Comisión. La nueva estrategia está ante nosotros, clara y nítida. Se trata de regresar a la ministración personal, tal como lo hacía la iglesia primitiva, la iglesia de Cristo liderando en encuentros individuales, en las cosas cotidianas de la semana como puede ser el trabajo, la facultad o en el hogar. Así, podremos volver a experimentar lo que vivió la iglesia primitiva: Cristo añadiendo a la iglesia día tras día a aquellos que estaban destinados a ser salvos. Esto resuena poderosamente en Hechos 2:47, donde se nos relata cómo, alabando a Dios y hallando favor ante todo el pueblo, el Señor incorporaba a la iglesia cada día a quienes debían ser rescatados.

VI. DESAFIANDO EL STATUS QUO: TRANSFORMANDO VIDAS Y CIUDADES

En este momento, como líderes y pastores, se nos presenta una valiosa oportunidad: la posibilidad de romper con ritos y tradiciones arraigadas, para incorporar un nuevo paradigma en nuestro ministerio. Ya no buscamos simplemente atraer a la gente a nuestros templos, sino que buscamos infiltrarnos en sus espacios, y para eso debemos convertir nuestras congregaciones en centros de capacitación que impulsen a los discípulos a tomar autoridad espiritual en sus círculos de influencia.

Es hora de cultivar una madurez en aquellos que estamos pastoreando. Es hora de hacerles entender que cada uno ha sido llamado con un propósito claro y específico: cumplir con la Gran Comisión. Si eres líder o pastor, es el momento de ejercer la autoridad que Dios te ha conferido y comenzar a formar discípulos que comprendan los tiempos en que vivimos, capaces de idear estrategias que transformen nuestras ciudades, tal como lo hicieron los primeros discípulos. Un pasaje bíblico que ilustra esto de manera elocuente se encuentra en Hechos 17:6, donde se afirma que aquellos que trastornan el mundo entero están presentes en ese lugar.

Si reconocemos que nuestro rol no es ser meros proveedores de cuidado paternal para los discípulos, sino formarlos como líderes trastornadores de ciudades, entenderíamos que deben ser guiados, educados, instruidos y finalmente enviados al mundo para vivir su propia historia. No estamos aquí para retener a aquellos a quienes lideramos, sino para reflejar a Cristo en ellos y enviarlos a conquistar sus respectivos espacios de influencia.

VII. TODOS SOMOS PASTORES

a. **El Rol del Líder Siervo**: Trascendiendo las Fronteras del Ministerio Pastoral

La afirmación de que todos somos pastores puede resultar inicialmente desconcertante para muchos. Algunos podrían argumentar que existen diversos dones o, mejor dicho, cinco ministerios designados por Dios para la edificación del Cuerpo de Cristo, tal como plantea el apóstol Pablo en Efesios 4:11: "Y él mismo constituyó a unos, apóstoles; a otros, profetas; a otros, evangelistas; a otros, pastores y maestros."

Sin embargo, al considerar la perspectiva desarrollada hasta este punto, nos percatamos de que el líder siervo se encontrará ineludiblemente involucrado en el ministerio pastoral en su lugar de influencia. Esto implica que será un guía, un referente espiritual y bíblico, un maestro pastor. El don de pastorear no debe limitarse a los confines de los templos, sino que debe ser integrado plenamente en el mandato de la Gran Comisión: hacer discípulos.

En esta concepción más amplia, pastorear no se reduce a las actividades convencionales de un templo, sino que se convierte en un estilo de vida arraigado en el amor, el cuidado y la guía espiritual. Es un llamado a impactar vidas en todos los ámbitos de la existencia diaria, llevando el mensaje de Cristo a los lugares más diversos y cotidianos. Este enfoque desdibuja las fronteras entre lo "sagrado" y lo "secular", demostrando que el ministerio pastoral puede florecer en el contexto de cualquier vocación, profesión o interacción social.

Así, el líder siervo no solo asume un rol de liderazgo dentro del templo, sino que también se convierte en un pastor en el sentido más profundo de la palabra: un cuidador y guía espiritual, enriqueciendo las vidas de aquellos a su alrededor. Este enfoque integral del ministerio pastoral nos desafía a reconocer la amplia gama de oportunidades que tenemos para ser instrumentos de transformación y guía espiritual en el mundo que nos rodea.

B. **Empoderando a Líderes**: una perspectiva desde el ejemplo de Jesús

Querido pastor o líder, es esencial que no cedas al temor de perder tu posición dentro de la congregación. Un análisis de la vida de Jesús nos revela que Él llevó a sus doce discípulos a salir, a actuar, y a bautizar, sin que esto debilitase su liderazgo ni su papel como pastor de ellos. ¿Cuál es la razón subyacente? Es muy simple: las personas buscan estar donde hay alguien que pueda nutrir su crecimiento con respeto, amor y paciencia.

Cuando comiences a cultivar y fomentar, intencionalmente, en otros la pasión por servir en el Reino de Dios, presenciarás un avance impresionante en tu congregación. Este proceso de empoderamiento da lugar a un crecimiento que supera cualquier expectativa previa y a una velocidad que, quizás, nunca hubieras imaginado.

Al seguir el modelo de Jesús, comprendemos que el liderazgo no es una cuestión de monopolizar el poder, sino de multiplicar la influencia. Es un llamado a capacitar y equipar a otros para que puedan llevar a cabo la obra del Reino con dedicación y efectividad.

No subestimes el impacto que puedes tener al confiar en tus colaboradores y delegar responsabilidades. Al hacerlo, no solo fortaleces a la congregación, sino que también honras y magnificas la visión y el llamado que Dios ha depositado en cada uno de tus colaboradores.

Este enfoque de empoderamiento y capacitación refleja la esencia del ministerio de Jesús. Al seguir sus pasos, no solo consolidarás tu posición como líder y pastor, sino que también verás multiplicarse el impacto y la expansión del Reino en tu comunidad de maneras asombrosas.

En última instancia, quiero destacar la perspectiva de liderazgo pastoral, no como un fin en sí mismo, sino como un medio para cumplir con la promesa dada a Israel: ser cabeza y no cola. Como pueblo gentil, somos beneficiarios de estas bendiciones al haber sido injertados en el pacto con Israel. Sin embargo, estas bendiciones se materializarán únicamente si enfocamos nuestra atención en el proyecto, visión y misión que Dios anhela revelarnos en el presente.

Una reflexión sobre este versículo nos invita a asumir un compromiso de fidelidad y obediencia. Nos exhorta a confiar en que Dios tiene un propósito definido para nuestras vidas y que, al seguir Sus mandamientos, nos encaminamos hacia una posición de liderazgo y prosperidad en el reino divino.

En última instancia, Deuteronomio 28:13 nos insta a reconocer el deseo de Dios de otorgar lo mejor a Sus hijos y a comprender que Su anhelo es exaltar y bendecir a aquellos que lo sigan con devoción. La promesa de ser "cabeza y no cola" nos recuerda que, en medio de los desafíos y pruebas, podemos confiar en que Dios está obrando a nuestro favor y nos guiará hacia un futuro colmado de propósito y bendición.

Amado pastor y líder, motiva y alienta a otros a asumir la responsabilidad de guiar y cuidar.

DIAGRAMA DE PRESENTACION. [20]

Gustavo Prieto

DESARROLLA UN PROYECTO

ESTRATEGIAS PARA EL DESARROLLO EFECTIVO DE PROYECTOS: ENFOQUE EN LA PLANTACIÓN DE IGLESIAS

Introducción

El desarrollo de proyectos efectivos requiere de una planificación meticulosa y una visión clara de los resultados deseados. En este contexto, es esencial abordar tres pilares fundamentales que guiarán el camino hacia el éxito: el objetivo general, los objetivos específicos y el encuadre. Estos elementos proporcionan el marco estructural necesario para asegurar que cada fase del proyecto contribuya de manera significativa al logro de la meta final.

I. **Objetivo General**: Definiendo la Visión Global

El primer paso crucial en el desarrollo de un proyecto efectivo es establecer un objetivo general claro y conciso. Este objetivo representa la visión global que dirigirá todas las acciones y decisiones a lo largo del proceso. Es imperativo que esta declaración sea precisa y definitoria, de tal manera que, con una sola frase, se pueda comprender el destino final del proyecto. Por ejemplo, en el caso de la plantación de iglesias, el objetivo general sería: "Establecer nuevas comunidades de fe arraigadas en los principios de Jesucristo".

Objetivos Específicos: Detallando las Metas Intermedias

Una vez que se ha establecido el objetivo general, es esencial desglosarlo en objetivos específicos que delineen las metas intermedias a alcanzar. Estos objetivos concretos representan los hitos que nos permitirán avanzar de manera efectiva hacia la realización de la visión global. Para la plantación de iglesias, los objetivos específicos podrían incluir:

1. Formar y capacitar a un grupo de líderes comprometidos y capaces de llevar a cabo la visión.

2. Fomentar el avance y la expansión del evangelio en la comunidad local y más allá.

3. Alcanzar a aquellos que están en búsqueda de Jesucristo y guiarlos en su camino espiritual, sirviendo como ejemplos vivos de la enseñanza de Cristo.

Encuadre: Estrategias para la Ejecución Efectiva

El encuadre del proyecto se refiere a la estrategia y el plan de acción que se implementarán para llevar a cabo los objetivos específicos y, en última instancia, alcanzar el objetivo general. En el caso de la plantación de iglesias, el encuadre puede implicar:

a. Identificación y reclutamiento de individuos interesados en iniciar nuevas obras o expandir la visión del evangelio.

b. Asistencia en el desarrollo y fortalecimiento de la visión, involucrando a cada participante en la materialización de los objetivos.

c. Diseño de un proceso de crecimiento ministerial personalizado y alcanzable, basado en la evaluación de conocimientos y habilidades de cada individuo.

Conclusión

La efectividad en el desarrollo de proyectos, especialmente en el contexto de la plantación de iglesias, radica en la claridad y precisión en la definición de objetivos, tanto generales como específicos, así como en la implementación de un encuadre estratégico. Al seguir estos principios fundamentales, se crea un camino sólido hacia el logro de la visión global y el éxito del proyecto en su totalidad.

ESCRIBE LA VISIÓN

La importancia de plasmar la Visión: "Fundamentos para el éxito en proyectos ministeriales"

Introducción

En el contexto de los proyectos ministeriales, es imperativo reconocer la necesidad de documentar y compartir la visión que Dios nos ha encomendado. Este acto no solo otorga claridad y transparencia, sino que también promueve una mayor aceptación y ejecución de los objetivos propuestos a lo largo de un periodo prolongado. Este ensayo explora el fundamento bíblico y las razones pragmáticas que respaldan la escritura de la visión ministerial.

Fundamento Bíblico: La escritura de la Visión en Deuteronomio

En el libro de Deuteronomio, el Señor instruye a su pueblo sobre la importancia de no solo comunicar oralmente la visión, sino de plasmarla de forma tangible y visible en cada rincón de sus vidas. Se establece en Deuteronomio 6 y luego se amplía en el capítulo 11:22 al 23. Estas instrucciones resaltan la trascendencia de que la visión sea no solo un mensaje hablado, sino una realidad palpable en el entorno cotidiano.

Josué: Un ejemplo de implementación de la Visión escrita

El pueblo de Israel, bajo el liderazgo de Josué, experimentó el impacto transformador de una visión claramente definida y registrada. Josué recibió la instrucción de Dios de no apartarse jamás de lo que estaba escrito. Esta directriz se convirtió en la brújula que guió a todo un pueblo hacia la conquista y posesión de nuevas tierras.

Cultivando la Fe a través de lo escrito

La fe no se limita a una mera creencia, sino que se nutre y desarrolla a través de la exposición constante a lo que está escrito y expresado en voz audible. La Palabra de Dios se convierte en el cimiento sobre el cual se construye la confianza y se fortalece la fe de aquellos que se dedican a la obra de Dios.

Plasmando la Visión: Objetivos Generales, Específicos y Encuadre

La escritura de la visión abarca la definición de objetivos generales y específicos, así como la estrategia de implementación. Esta práctica no solo previene malentendidos, sino que también mitiga los posibles ruidos comunicacionales que pueden surgir durante el proceso.

Conclusión

En conclusión, la escritura de la visión en proyectos ministeriales no solo encuentra respaldo en el fundamento bíblico, sino que también se traduce en una práctica pragmática para el éxito y la efectividad en el ministerio. Al plasmar la visión, se establece una hoja de ruta clara y concreta que guía a cada miembro hacia el logro de objetivos compartidos. Este acto, en última instancia, refleja un compromiso serio y una obediencia fiel a la encomienda divina.

UNA INVITADA ESPECIAL

En mi búsqueda por ofrecer una perspectiva enriquecedora sobre el discipulado y su poderosa influencia en la vida de muchos, decidí recurrir a una amiga cercana y respetada, Shirley. Le solicité que compartiera, en sus propias palabras, la trascendencia de guiar a otros hacia Jesús a través del discipulado. La experiencia y formación ministerial de Shirley en esta área son verdaderamente extraordinarias, y su trayectoria en el acompañamiento de otros hacia la madurez espiritual es innegable.

Shirley, una ferviente evangelista, vive su vida como un auténtico reflejo del amor de Dios, irradiando su presencia en cada ámbito que transita. No importa las dificultades que enfrente ni en qué etapa de su propio camino se encuentre, ella no se detiene, sino que continúa guiando a otros hacia la cercanía con Dios.

De nacionalidad brasileña y criada en Argentina, Shirley luego vivió quince años de su vida en Guatemala, lo cual le otorga un conocimiento profundo y diverso del ministerio evangelístico en diferentes contextos misioneros.

Lo que estás a punto de leer en las páginas de este libro complementa y fortalece lo leído anteriormente. Te conducirá hacia un entendimiento más profundo y efectivo del discipulado, brindándote herramientas fundamentales para tu propio crecimiento espiritual y para impactar la vida de aquellos a quienes guíes en este camino de fe.

AGUAS QUE ENDULZAN LO AMARGO: INFLUENCIA QUE TRANSFORMA!
Por Shirley Guzzo

Jeremías 15:19 (b) *"...conviértanse ellos a ti, y tú no te conviertas a ellos"*

Cuando consideramos la posibilidad de ser una iglesia influyente, inevitablemente estamos hablando de ejercer influencia en las diversas esferas en las que nos desenvolvemos. Todos nosotros poseemos un ámbito de influencia: la familia, el trabajo, los compañeros de estudio, los amigos y los vecinos. Cuando Dios nos coloca en un determinado lugar, espera que nosotros, como Sus hijos, seamos capaces de influir en ese lugar con Su presencia. La orden que recibió el profeta Jeremías fue que ellos se convirtieran a él, pero no que él se convirtiera a ellos. En otras palabras, debes influenciarlos con tu estilo de vida y no adoptar su forma de vivir.

La Escritura está repleta de ejemplos de hombres y mujeres a quienes Dios situó en lugares estratégicos con el propósito de influir y transformar esas esferas. Solo por mencionar algunos de ellos, encontramos a José en Egipto, a Ester en el reino de Persia, a Nehemías en Jerusalén y a Daniel en Babilonia, entre otros.

Luego de la resurrección de Jesús y de sus apariciones a los discípulos, encontramos el encargo más importante que Él dejó, una orden que sigue vigente hasta el día de hoy: *"Vayan y hagan discípulos de todas las naciones, bautizándolos en el nombre del Padre, del Hijo y del Espíritu Santo. Enseñen a los nuevos discípulos a obedecer todos los mandatos que les he dado. Y tengan por seguro esto: que estoy con ustedes siempre, hasta el fin de los tiempos"* (Mateo 28:19-20)

No podemos ser una iglesia influyente si no tenemos relaciones saludables con otras personas. Jesús no solo enseñó acerca de esto, sino que también nos mostró con su ejemplo cómo mantener relaciones sanas, cómo influenciar y cómo discipular.

El discipulado implica a un aprendiz que adquiere conocimientos y habilidades a través de la enseñanza y la instrucción de alguien más experimentado. El aprendiz observa y luego imita el camino trazado por su mentor.

Cuando observamos la vida de Jesús, notamos que dedicaba mucho más tiempo a compartir con aquellos a quienes conocemos como "discípulos" que a enseñar en las sinagogas. Caminaban juntos, compartían comidas y desarrollaban relaciones cercanas. Tuvieron la oportunidad de presenciar a Jesús enfrentando tormentas en el mar y multiplicando panes y peces. Pudieron ver cómo respondía cuando lo difamaban y cómo se comunicaba con mujeres como la samaritana, a menudo rechazadas por su condición. Las relaciones de Jesús estaban cargadas de enseñanzas sencillas, pero profundas a la vez. Él aprovechaba cada escenario, ya fuera una barca en el mar desde la cual enseñar a una multitud o la casa de amigos compartiendo una cena. Jesús no tenía una escuela o un día específico de la semana para "discipular". Más bien, les enseñó mediante su ejemplo, sus palabras y sus actitudes. Les mostró de manera práctica cómo vivir en la cultura del Reino que había venido a manifestar, el Reino de Su Padre.

No podemos concebir el discipulado como una simple enseñanza bíblica semanal. El verdadero discipulado, aquel que Cristo nos encomendó, implica cercanía, relaciones estrechas y momentos en los cuales otros puedan observarnos en acción, aprendiendo de nosotros, al igual que nosotros aprendemos de alguien más que nos modela conforme a Cristo. El Apóstol Pablo, otro ejemplo de un discipulador que sabía influenciar en la vida de las personas, dijo en 2 Corintios 3:2-4: *"Ustedes son nuestra carta de recomendación, escrita en nuestros corazones, conocida y leída por todos los hombres; siendo manifiesto que son carta de Cristo, expedida por nosotros, escrita no con tinta, sino con el Espíritu del Dios vivo; no en tablas de piedra, sino en tablas de carne del corazón".*

Somos cartas abiertas que otros están leyendo. La pregunta que podemos hacernos es: ¿Qué están leyendo en mí? ¿El mensaje que transmito refleja la cultura del Reino de Dios en mi vida?

La iglesia influyente y saludable es aquella que ha aprendido de Cristo a vivir como Él, a hablar como Él, a pensar como Él y a relacionarse con otros desde el amor que ha recibido de Cristo, mostrándoles con su ejemplo cómo viviría Cristo. Es una iglesia que ama, que extiende sus brazos hacia quienes lo necesitan, que dedica tiempo a estar con otros, no solo en actividades sociales, sino siendo la expresión del cuerpo de

Cristo en el lugar donde ha sido llamada a estar y transformar con el poder del Espíritu Santo. No puede haber influencia sin discipulado, y el discipulado no puede existir sin relaciones sanas basadas en el amor de Dios. Este amor es la coyuntura, como dice el Apóstol Pablo, que une a todos los miembros del cuerpo de Cristo y hace que muchos crean en Él a través del amor que se manifiesta entre nosotros.

Fuimos llamados a hacer discípulos de Cristo en nuestra zona de influencia. No estás donde estás por casualidad; fuiste colocado allí para transformar ese lugar, ese ambiente y a esas personas. Implantemos la cultura de Jesús en donde caminamos. Que los lugares en los que nos encontremos estén impregnados con el aroma de Cristo, de modo que, juntos, podamos decir como dijera el Apóstol Pablo: *"Sean imitadores de mí, como yo lo soy de Cristo"*.

Sólo así tendremos una cultura diferente, veremos transformación en nuestras ciudades, y sabremos que las aguas amargas se convirtieron en aguas dulces donde muchos puedan beber.

OPORTUNIDADES

AMENAZAS

F O

D A

FORTALEZAS

DEBILIDADES

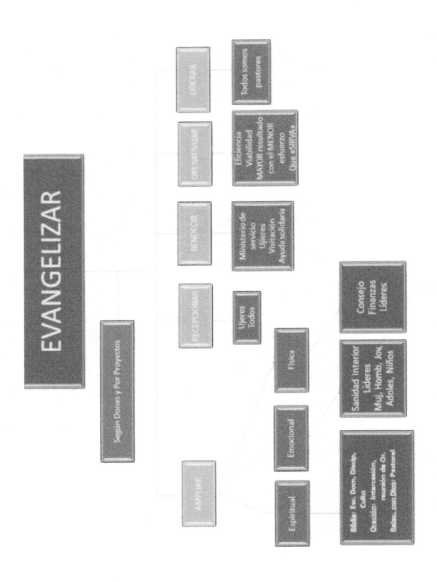

Quienes leyeron el libro opinan;

Gustavo es un pastor que se hizo en las trincheras del ministerio, con un espíritu innovador, con la inquietud de siempre estar aprendiendo, con el valor de lanzarse en obediencia a las asignaciones pastorales que Dios le puso en camino del ministerio y con un alma llena de esperanza por ver a la iglesia en misión con Dios al mismo tiempo que es una iglesia con la comunidad.

Por eso puedo decirte que Gustavo no escribió las páginas de este libro en la oficina del pastor sino en las trincheras del pastorado, en la lucha diaria por una iglesia viva que sea portadora de vida a una sociedad en decadencia.

Una ekklesia saludable e influyente es más que un libro, es una herramienta para una acción pastoral estratégica que recomiendo a iglesias locales que quieren ser mucho más relevantes en sus comunidades. Pero también es un recurso de alto valor para iglesias que necesitan encontrar su sentido de identidad y propósito en el reino y en la misión de Dios.

Rev. Dr. Daniel Prieto
Presidente y Fundador
Conexión Pastoral

«»»»

La lectura del primer capítulo te atrapa desde el momento que lees el título y observas el dibujo de la raíz del árbol, hace que te sientas impaciente por conocer el contenido completo que finalmente te permita apreciar el árbol en su totalidad.

Escudriñando estos versículos del capítulo 4 de Efesios, se puede observar que trabajando juntos como un cuerpo unido, podemos fortalecernos y contribuir al crecimiento de la iglesia como un cuerpo que crece y se fortalece a través del amor y la verdad.

Este capítulo resalta la importancia de tener una visión clara en la iglesia y trabajar en la educación de la congregación acerca de esa visión. Se deja claro que esta educación debe ser integral, abarcando los aspectos espirituales, emocionales y físicos. El proceso de educarse y empaparse de la visión puede llevar tiempo, pero es esencial para el crecimiento y la eficacia de la iglesia. Además, se menciona la importancia de identificar y utilizar los dones en la congregación de manera estratégica. También se habla de la necesidad de planificar proyectos con objetivos claros y específicos para avanzar hacia la visión de la iglesia. En general, se le da suma importancia a trabajar en profundidad en la comprensión y la realización de la visión para fortalecer y hacer crecer la comunidad de fe.

El aspecto más destacado del libro, en humilde opinión, es la forma en que emplea las técnicas y principios del coaching para guiar a las personas hacia una mayor comprensión de sí mismas y de su papel en su vida y ministerio; ya que se centra en hacer preguntas efectivas que pueden ayudar a los lectores a alcanzar sus objetivos y superar obstáculos. Este capítulo utiliza estas herramientas para ayudar a las personas a reflexionar sobre sus vidas y ministerios de una manera más profunda y significativa. Pienso que este enfoque puede ser transformador y ayudar a las personas a alcanzar su máximo potencial en sus esfuerzos de servicio y liderazgo.

Pastora Silvina Massaglia
Plantadora de iglesias.
RCA in América, Texas.

Recomendaciones del Autor

Ampliando tu Conocimiento

Si deseas profundizar aún más en este campo y explorar diferentes perspectivas, aquí te presento una lista de libros que he leído y han impactado mi ministerio:

1) Sembrando iglesias Saludables.

Autor: Juan Wagenveld

Este libro invita a los líderes a reflexionar sobre las habilidades necesarias para sembrar una iglesia, abordando temas como el fundamento bíblico, los pasos prácticos y modelos de siembra. También destaca las características de una iglesia saludable. Incluye preguntas y actividades para fomentar el aprendizaje individual o en grupo. Es una herramienta valiosa para líderes en busca de guía y conocimiento en este importante proceso.

2) La iglesia local como agente de transformación

Autor: C. René Padilla y Tetsunao Yamamori, eds.

- Breve descripción: La falta de enseñanza en ekklesiología ha dejado un vacío profundo en la labor que la iglesia debería desempeñar. Este libro busca llenar ese vacío e inspirar a pastores, líderes y laicos a asumir su rol en medio de la sociedad.

3) Las 21 leyes irrefutables del liderazgo

Autor: Jhon C. Maxwell

Breve descripción: dice Maxwell. «Han pasado diez años desde que escribí Las 21 leyes del liderazgo. He crecido mucho desde entonces. He enseñado estas leyes en docenas de países de todo el mundo. Esta nueva edición me da la oportunidad de compartir lo que he aprendido

Recuerda que estos libros son solo recomendaciones y no es necesario leerlos para comprender el contenido de este libro. Sin embargo, pueden proporcionar una perspectiva adicional y ayudar a enriquecer tu comprensión sobre [tema del capítulo].

Made in the USA
Middletown, DE
08 October 2023

40236314R00089